¡HE PEDIDO EL DIVORCIO!

Guía para varones desesperados

¡HE PEDIDO EL DIVORCIO!

Guía para varones desesperados

Adolfo Pérez Agustí

"Este libro se lo dedicamos a nuestras ex-mujeres, que nos estarán escuchando"

Las razones por las cuales dos personas, anteriormente enamoradas, deciden un día romper su relación de un modo definitivo, son sencillas y bastante universales: infidelidad, problemas económicos, intolerancia, malos tratos, y/o deseos de independencia. Una pareja puede estar involucrada en alguna de estas cuestiones, o también en todas juntas, e incluso ser asumidas solamente por uno de los cónyuges, con lo cual el sufrimiento no es padecido por igual, siendo esta la causa por la cual las demandas de divorcio suelen ser emprendidas en solitario. Casi siempre el divorcio es solicitado por quien más tiene que ganar con la separación o, al menos, por quien tiene las cosas mejor resueltas en la vida. Sé que a primera vista puede parecer que no es así, y que precisamente es el cónyuge más afectado sentimentalmente quien acude presuroso a un abogado para que "le solucione su problema". Sin embargo, repasen lo que ha sido la vida posterior de esa persona y verán que tenía todo bien atado: casa, hijos, amigos y dinero. ¿Es necesario recordar las estadísticas que nos dicen que el 90% de los divorcios son solicitados por la esposa? Puesto que esto es así de explícito, ahora comprenderán la razón por la cual este libro está dedicado a los varones, los más perjudicados en ese 90% de los divorcios concedidos.

Vapuleados por unas leyes inexistentes que discriminan a una persona simplemente por ser varón, otorgando a la mujer vivienda, hijos y manutención (nuevamente en el 90% de los casos), esos juristas olvidan que desde hace muchos años la mujer no esa persona débil y desprotegida que vivía en tiempos de nuestros abuelos. A pesar de esto, y de que ellas disponen de más de 200 asociaciones exclusivamente de mujeres (solamente en Madrid) y numerosas ayudas estatales para encontrar trabajo y vivienda, la mayoría de los jueces siguen aplicando con desesperante reiteración sus sentencias: todo para ella, nada para él; quizá el padre verá a sus hijos un par de horas cada quince días, y eso si ella así lo concede. Y es que para algunos jueces ser padre no es lo mismo que ser madre, ni siquiera cuando los hijos han pasado ya la primera decena de años. Esta postura, que en una jueza nos puede parecer corporativista, en un juez se nos antoja simplemente cómoda, pues sabe que cualquier sentencia que discrimine al varón no será repudiada por los medios informativos, lo que indudablemente no ocurre cuando una mujer –la excepción de la regla- es quien debe salir de su hogar y pasar una pensión a su ex-marido. Los varones –alegan- somos dueños de instalarnos donde nos da la gana...pero en el exterior de nuestra casa, mientras que ella siempre conservará el hogar que tantos esfuerzos nos ha costado tener. A los pocos días, nuestra cama y bienes serán usurpados, como si de un derecho de pernada se tratase, por otro varón sonriente; optimismo nada extraño si tenemos en cuenta que somos nosotros los que tenemos que seguir pagando la hipoteca.

INTRODUCCIÓN

El divorcio descubre un mundo de rencores inconclusos, de cuentas pendientes dispuestas a saltar como malas bestias en la primera ocasión, desnudando en esos momentos los verdaderos sentimientos de las personas, quienes en un alarde de mezquindad son capaces de vanagloriarse de haber hundido a su cónyuge. ¿Hay entonces alguna posibilidad de ver el futuro con optimismo cuando acabamos de divorciarnos y el juez nos ha quitado casa, hijos y hasta la mayor parte de nuestra paga mensual? Bueno, posibilidades hay pocas, pero alguna queda. Un optimista diría: "Bien, al menos he perdido de vista a mi mujer". Indudablemente que si tiene que ir a dormir debajo de un puente seguro que su ex-mujer no irá a visitarle.

No existe una causa razonable para explicar la lucha que una pareja mantiene durante meses o años antes de tomar la decisión de separarse definitivamente, pues durante esta incruenta hostilidad sacamos lo peor que hay en nosotros si con ello conseguimos hacer daño a nuestra pareja. Ese comportamiento tan maquiavélico, con violencia física en ocasiones y efectuando una tortura psicológica digna del marqués de Sade, solamente lo ejercemos contra nuestro cónyuge. Incluso personas que militan en grupos humanitarios, jueces, políticos y hasta religiosos devotos, cuando de hacer daño psicológico a su compañero/a se trata se comportan con una maestría exquisita. No hay palabra, gesto o comportamiento dañino que no hayamos probado durante esa larga lucha anterior, si ello contribuye a observar una muestra de dolor en la pareja. Si llora, es que hemos tenido éxito y hay que repetir la jugada. Y si no le hemos hecho daño esta vez da igual, lo volveremos a intentar con nuevos modos.

Dicen que el divorcio alcanza las cotas de estrés más altas en el ser humano, aun más que la muerte de un ser querido; y es que, salvo pequeñas excepciones de parejas que deciden divorciarse rápidamente, solamente después de la primera pelea, la mayoría han pasado previamente por un largo y doloroso vía crucis del cual son plenamente conscientes. Y en este recorrido intervienen los suegros, los amigos, los vecinos y hasta los compañeros de trabajo, quienes viendo los toros desde la barrera siempre nos insisten en que un divorcio siempre es mejor que un mal matrimonio.

Hay quien razona que el divorcio debería ser efectivo con un deseo, una simple firma estampada en un documento, del mismo modo que hacemos cuando queremos casarnos. Si para tomar esta decisión nadie nos consultó, ni fue necesario un complejo y largo proceso legal, ni mucho menos tuvieron que intervenir abogados, no hay razón para que la disolución sea tan costosa y prolongada. Dicen que la causa está en los bienes gananciales, y en los hijos, pero todos sabemos que incluso las parejas sin hijos, y las que tienen separación de bienes, acusan los mismos problemas. Mientras que las sociedades civiles se disuelven con un sencillo contrato de renuncia ante un abogado y cada socio se lleva la mitad o la parte que le corresponde de los bienes, aquí hay que pleitear durante meses.

No obstante y a pesar de que los datos son pesimistas, este libro no pretende mostrar tan negativamente un problema creciente de la convivencia humana, sino que, muy al contrario, la intención es ayudar a dos fines: a) Evitar que las parejas consideren que el divorcio es siempre la mejor solución, y b) Ayudarles a que busquen siempre el lado bueno y optimista de su maltrecha relación, pues siempre hay algo que salvar entre dos personas que un día se quisieron.

- Jo, desde que mi mujer se marchó, la casa está como vacía.
- ¿La echas de menos?
- No, es que se llevó todos los muebles.

CAPÍTULO 1

Estadísticas

Las estadísticas nos deberían poner los pelos de punta y desanimar por ello al novio más entusiasta, pues según datos facilitados por el Instituto Nacional de Estadística y el Consejo General del Poder Judicial, el número de matrimonios, tanto religiosos como civiles, ha experimentado un notable descenso, mientras que el número de separaciones y divorcios aumenta de forma imparable. Según esos datos, en España se regulan 80.000 y 100.000 separaciones/divorcios al año, cifra que triplica el número de matrimonios civiles y religiosos, panorama similar a otros países de Europa.

Este auge de los divorcios responde a una transformación de las condiciones sociales y psicológicas, pues ambos, hombres y mujeres, no están dispuestos a permanecer indefinidamente junto a una persona con la cual no son felices. El deseo de volver a ser independientes, poder mantener relaciones sentimentales nuevas, y la creencia de que tras un divorcio está la felicidad, les lleva a tomar decisiones que, en la mayoría de los casos, les proporcionarán nuevas desventuras.

Otras causas no menos importantes son el trabajo remunerado de la mujer y con ello su independencia económica, el mayor bienestar general, la menor aceptación de las reglas sociales, el relajamiento de la moral, además de un cambio en los valores que va colocando a la felicidad personal como cuestión prioritaria, incluso por delante de la de los hijos.

La actitud de las nuevas generaciones hacia la vida conyugal ha cambiado notablemente, y ya nadie ve el matrimonio como algo para toda la vida. Su único propósito es bien claro y relajado: si sale bien puede durar, si no... el divorcio es la mejor de las opciones y habrá que buscar la felicidad en otra parte. Y esta es una opinión compartida por el

72,8% de los occidentales, quienes están seguros que el divorcio es la mejor solución cuando una pareja no es feliz, aunque tenga hijos pequeños. No obstante, solamente un 37% de las mujeres divorciadas y un 58% de los varones vuelven a casarse, lo que nos indica el grado de recelo que se tiene para volver a empezar. Tanto es así, que los hogares unipersonales (con hijos en ellos) constituyen ahora el 13% de las viviendas, mientras que casi un 5% de la población vive sola, y no estamos hablando precisamente de ancianos.

CAUSAS DE DIVORCIO MÁS FRECUENTES

INFIDELIDAD: Es la causa más frecuente detectada en los tribunales, y aunque entre un 25 y un 36% de las rupturas se producen por la infidelidad masculina, las femeninas siguen una curva ascendente imparable.

INCOMPATIBILIDAD: Eso que antaño se denominaba jurídicamente como "incompatibilidad de caracteres", llega a hacer imposible la convivencia, aunque las causas suelen ser mucho más complejas.

INMADUREZ: Suele darse en parejas que se casan muy jóvenes, la mayoría deseosos de huir del domicilio familiar, en la creencia de que tras la independencia llega la felicidad.

DROGADICCIÓN: El abuso de alcohol ya no es la causa más habitual, pues las drogas, blandas o duras, hacen imposible un mínimo de estabilidad en la pareja. Con el tiempo, al deterioro afectivo se suman los problemas económicos y laborales, haciendo imposible cualquier reconciliación.

MALOS TRATOS: Aunque los malos tratos físicos sean motivo frecuente de noticia en los medios de comunicación, con multitud de coloquios en la televisión, son los malos tratos psíquicos los que más socavan los sentimientos de las personas. Por desgracia, y aunque se cree que el protagonismo lo tiene siempre el varón, lo cierto es que la sutileza de la mujer para causar daños morales camina pareja a la del varón.

EGOÍSMO: Hemos pasado de compartir todo, alegrías y tristezas, a hablar exclusivamente de nuestros deseos y necesidades, buscando afanosamente quien nos las cubra. Ese delegar en los demás nuestra propia felicidad ocasiona pronto un desprecio hacia nuestra pareja, a quien culpamos de no ser felices.

DINERO: Indudablemente un hogar en donde sobra el dinero puede ser más estable que otro, aunque todo depende de la valoración que de ello hagamos. Puesto que se trata de ser felices con lo que tenemos y no con aquello que carecemos, quizá sería cuestión de un nuevo enfoque.

TRABAJO: En la mayoría de los hogares trabajan ya ambos, hombres y mujeres, y estas horas de ausencia son ya mucho mayores que aquellas en las cuales se comparte la vivienda. Cuando las divergencias comienzan, la caren-

17

cia de horas de plática disminuye igualmente las posibilidades de reconciliación.

SEXO: Las relaciones sexuales, a las que tanta importancia se da en el cine, son, paradójicamente, las menos decisivas a la hora de gestionar una demanda de divorcio.

CELOS: La desconfianza en el cónyuge aumenta en la medida en que cada uno pasa más horas con otras personas que con su propia pareja, llegando esta desconfianza a convertirse en un suplicio para los dos.

LABORES DOMÉSTICAS: Aunque no suelen ser motivo de divorcio, sí lo son de desavenencias. La diferente valoración que tienen hombres y mujeres sobre lo que supone un hogar confortable es ancestral, y no parece que tenga solución.

FACTORES POSITIVOS EN LA RELACIÓN DE PAREJA

MISMO NIVEL CULTURAL

La afinidad en el pensamiento filosófico y académico facilita diálogos constructivos y enriquecedores, lo que motiva a permanecer unidos el mayor tiempo posible. Estos cónyuges precisan comprenderse, aconsejarse, ser también compañeros y amigos, algo difícil con una gran diferencia cultural.

MISMAS CREENCIAS RELIGIOSAS

Los practicantes religiosos más intensos suelen tener unas convicciones morales muy sólidas, al mismo tiempo que tratan de encontrar siempre en su pareja más valores que defectos.

DIFERENCIA DE EDAD

Parece un hecho asumido que la mujer debe ser más joven que el varón, y aunque cuando las diferencias son muy grandes siempre se piensa que el cónyuge mayor no podrá satisfacer al más joven, lo cierto es que la mujer suele encontrar en su esposo cierta admiración que se puede trasformar en un amor sólido.

- *Pues mi mujer me ha dejado.*
- *Jo, tío, lo siento; tiene que haber sido muy duro.*
- *¿Duro? ¡Fue casi imposible!*

MITOS INSOSTENIBLES

Existe una serie de creencias erróneas generalizadas sobre el divorcio que conducen a no pocas situaciones conflictivas y que deben cambiar si queremos mejorar el panorama tan desalentador que nos muestran los datos estadísticos, a saber:

"Nos divorciamos para que nuestros hijos no sufran, porque somos muy infelices, nos estamos matando y, si continuamos así juntos, vamos a matarles a ellos también".

Muchas parejas (y con ellas psicólogos, jueces, abogados, etc.) defienden el divorcio porque piensan que los niños serán más felices si sus padres son más felices, y como los padres serán más felices divorciados, el divorcio favorecerá a todos. Pero lo cierto es que un niño prefiere que sus padres estén bajo el mismo techo, y la sola posibilidad de separación llena al niño o adolescente de confusión e incertidumbre. La razón es que los hijos no se identifican sólo con su madre o con su padre como individuos aparte, sino que se identifican con la relación que tienen entre sí como pareja los padres; todos bajo un mismo techo les proporcionan la seguridad que necesitan. Otro dato comprobado es que los niños sufren más con el divorcio de sus padres que con la muerte de uno de ellos.

Según los psicólogos, el divorcio es una crisis pasajera que inflige sus efectos más dañinos en el momento de la separación y luego desaparece. Pero aunque contemos siempre con amigos que nos hablan de la maravillosa vida que tienen desde el divorcio, lo cierto es que ese resquemor nunca se olvida y no son pocos los que aportan buena carne de cañón para psicólogos y psiquiatras durante muchos años. La creencia de que tras un divorcio siempre llega la felicidad, es una utopía que socava a los ilusos.

Otras consideraciones de naturaleza psicológica pueden ser:

Se suelen observar en los ex-cónyuges manifestaciones de tristeza, vacío, pérdida, desmotivación, apatía y sentimientos de culpa, acompañados con trastornos del sueño, alimentación etc., todo ello tras una máscara social para tratar de demostrar qué bien se vive ahora. Junto a estos problemas aparece el miedo a la soledad, con lo cual cada fin de semana se convierte en una búsqueda compulsiva para encontrar alguien o grupo de personas con quien compartir algunas horas. Aunque en estos intercambios siempre aparecen personas que nos aseguran que hemos hecho lo mejor, en el interior de los divorciados siempre se encuentra la misma respuesta: "Ojalá no hubiera ocurrido".

También se observa que inmediatamente después de la separación las personas retoman costumbres anteriormente olvidadas, como beber alcohol, tomar tranquilizantes o incluso consumir drogas, nuevamente adornado bajo la máscara de ser libres, para eso y para lo que sea. Las salidas nocturnas o el vestir tal y como lo hacíamos en años atrás, cuando la juventud era manifiesta, son otros cambios que se introducen, lo mismo que acudir a un gimnasio para recuperar la figura o embarcarse en un crucero con yacuzzi mixto.

Para los hijos menores, y eso lo veremos más adelante, las cosas no son tan fáciles, pues ellos no tienen facetas de su vida que retomar. Todo es ahora más doloroso, difícil y de compleja solución, ya que les han roto sus esquemas, su rutina diaria, su mundo y en ocasiones su vida colegial.

El juez en un divorcio le dice al marido:
-Después de haber estudiado el caso, le concedo a su mujer una pensión vitalicia de 300 euros, más 60 por cada hijo. ¿Tiene algo que decir?
-Que es usted muy generoso; no sé si podré dar algo yo también.

SEPARACIONES Y DIVORCIOS

Año	SEPARACIONES	MUTUO ACUERDO	SEPARACIONES CONTENCIOSAS	DIVORCIOS
1994	39.758	19.415	20.343	27.224
1995	39.918	19.661	20.257	26.783
1996	43.391	21.535	21.856	28.854
1997	47.546	23.368	24.178	31.522
1998	49.371	25.439	23.932	33.104
1999	51.317	27.227	24.090	32.571
2000	56.837	32.678	24.159	36.072

Año	DIVORCIOS CONSENSUADOS	DIVORCIOS NO CONSENSUADOS
1994	11.892	15.332
1995	12.099	14.684
1996	12.796	16.058
1997	13.814	17.708
1998	14.895	18.209
1999	14.971	17.600
2000	17.874	18.198

Datos

1º- Las personas que más se separan son las que tienen entre 36 y 45 años

2º- Seguidas de las comprendidas entre 46 y 55 años

3º- A escasa diferencia personas entre 26 y 35 años.

4º Los matrimonios que más se separan son aquellos que han vivido juntos más de 20 años, y los que menos de 3 a 5 años.

5º- Las separaciones matrimoniales nada más llegar del viaje de novios y entre personas de entre 60 y 70 años han experimentado un fuerte incremento en los últimos años, y cada vez son más frecuentes el numero de separaciones y divorcios en personas menores de 25 años.

6º- Los meses en los que más demandas de separación se interponen son, curiosamente, los pos-vacacionales, septiembre y enero, ya que con las vacaciones y la fricción de la convivencia se desencadena definitivamente la crisis.

7º- Las parejas que han convivido antes del matrimonio se separan más que aquellas que no han vivido antes juntas.

8º- El dinero que sale de una familia (sumando lo que aporta el marido y la mujer) en un proceso de divorcio, destinado a abogados y/o otros (peritos, psicólogos, etc.), ronda entre 1.200 euros y 6.000.

9º- La separación la piden las mujeres, pero el divorcio los varones, mayormente porque tienen una nueva pareja.

Otros datos

- El 64% de los hogares españoles están compuestos por padre, madre e hijos

- El 58% de las norteamericanas con hijos trabajan fuera de su hogar
- El 75% de las españolas casadas y con hijos manifiestan su deseo por trabajar fuera
- El 50% de las españolas dicen sentirse mal por trabajar fuera de casa si los hijos son pequeños
- El 72% de las personas se muestran favorables al divorcio
- En la última década, el número de divorcios ha aumentado un 200%
- Los varones divorciados que se vuelven a casar lo hacen preferentemente con una mujer soltera más joven, mientras que las mujeres lo hacen con divorciados o viudos mayores
- Más de la mitad de los matrimonios piden la separación antes de dos años
- El 23% de los niños norteamericanos viven solamente con la madre
- En España hay 250.000 familias con un solo padre al frente
- El adulterio es habitual en la mayoría de los países
- Según un estudio, el 35% de los casados manifiestan ser o haber sido adúlteros: la cifra entre hombres y mujeres es ya prácticamente igual
- El 62% de las mujeres se quejan de la poca colaboración de su pareja en las labores de hogar
- La separación es más frecuente en la medida en que aumenta el sueldo de la mujer
- La mayoría de los divorcios coinciden cuando el marido se queda en paro
- El 50% de las parejas piensan en reconciliarse
- En el 65% de los hogares que se deshacen viven niños

- Después de cinco años del divorcio efectivo, el 37% de los niños siguen manifestando depresión y trastornos del comportamiento

"La separación fue amistosa, pues teníamos dos pisos y dos coches. Y para no discutir quién se quedaba con el piso mayor o el mejor coche, su abogado y el juez dijeron que ella se lo quedase todo".

Recuerde:

- No se divorcie sin antes haber intentado la reconciliación varias veces.
- Las separaciones por mutuo acuerdo son más rápidas y económicas. Además, evitan muchos sufrimientos a las parejas, sus hijos y su familia. Es preferible ceder algo, antes que perder la oportunidad de realizar un mutuo acuerdo.
- Recordar que, aunque nos parezca que nuestro caso es diferente, la responsabilidad de un fracaso matrimonial nunca es de uno solo. Casi nunca hay un culpable y una víctima, pues el desamor lo padecen por igual los dos.
- Nunca divulgue sus desavenencias conyugales en público, mucho menos ante las cámaras de televisión.
- El primer paso para una separación sin graves traumas es planificar cómo y dónde vivirá cada cónyuge, sin tratar de dejar en la estacada a ninguno de los dos.
- Cuando hay hijos, la mayoría de los acuerdos deben ir dirigidos exclusivamente a su bienestar, aunque ello perjudique a ambos padres.
- Tener en cuenta que todos podemos ser encantadores para una nueva pareja.

24

-Por todos los medios cásese.
-Si consigue a una esposa buena, estará contento.
-Si consigue una mala se hará un filósofo... y ésa
es una buena cosa para cualquier hombre.

Sócrates

CAPÍTULO 2

JUZGADOS DE FAMILIA

CONCEPTO DE FAMILIA

Consideramos genéricamente como familia a un grupo de personas emparentadas entre sí que viven juntas bajo la autoridad de una o dos de ellas, o mediante un sistema de organización particular. Por ello también forman una familia los hermanos que comparten un piso y, por supuesto, cuando se trata de tíos y sobrinos o abuelos con nietos. La familia puede ser también el linaje, la estirpe, aunque no vivan dentro de su casa.

Cuando existen (según la legislación de protección social de cada país) más de tres hijos menores de dieciocho años de edad o mayores incapacitados para el trabajo, se denomina como **numerosa**. Si decimos que alguien está **cargado de familia** nos referimos a una pareja llena de hijos, aunque antiguamente esto se extendía a los criados, mientras que ser de **buena familia** quiere decir que los antecesores gozan de buen crédito y estimación social, estando ligada esta categoría casi exclusivamente a la posición económica solvente.

No obstante, hay dos grupos familiares que, aunque similares, establecen ya la gran diferencia, y es la familia en cuyo hogar nacemos, y aquella que hemos creado nosotros mismos de modo voluntario. Desde la prehistoria el ser humano se ha unido esencialmente para cuidar la prole, la descendencia, puesto que los cachorros humanos necesitan durante bastantes años el auxilio de sus padres para poder sobrevivir. Esta aparente dependencia no debe considerarse como algo peyorativo, pues ha quedado demostrado que aquellos cachorros que permanecen más tiempo al lado de sus progenitores, con el tiempo poseen mayor capacidad de innovación y perfeccionamiento que quienes se marchan del nido a los pocos días. La protección de los padres, tan negativa en ocasiones, se convierte en un sólido pilar que permite al hijo aprender más y mejor las materias que le harán ocupar luego en la sociedad un buen lugar. Por el contrario, cuando los hijos abandonan a muy temprana edad el hogar o aquellos que ni siquiera lo tienen, poseen una capacidad de supervivencia y adaptación a las circunstancias adversas muy superior. Esta faceta es muy buena, indudablemente, pero para completarse debe ir unida al perfeccionamiento intelectual. Cuando el hijo debe buscarse su propia comida y refugio desde que es niño, sus horas disponibles irán siempre en ese sentido, pues esta es su necesidad primaria vital que es cubierta cuando hay unos padres a su lado.

Pero ya sabemos que una familia, y ahora más que nunca, no es para toda la vida, y aunque un hombre y una mujer inicien el proceso con buena voluntad, con el tiempo solamente permanecen los lazos sanguíneos como fuente de unión. Quienes antes eran una unidad -los esposos-, con el tiempo y un divorcio se convierten en dos enemigos irreconciliables, posición que adoptan gracias a la "ayuda" de abogados, "amigos" y familiares; todos espectadores desde la barrera.

Los tiempos cambian tan vertiginosamente que ahora la palabra "familia" está en plena decadencia y "tener una familia" se empieza considerar un error y una trampa mortal para la independencia. La mayoría de las parejas están dispuestas a casarse, por la iglesia o el juzgado, pero tienen en la mente que si les va mal se divorciarán rápidamente, pues están seguros que esa solución es la más sensata. Todos dicen que cuando un matrimonio va mal se tiene que separar, que es mejor así, y que hasta los hijos se beneficiarán de la ruptura. Pero creo que nadie les ha explicado con todo detalle que las cosas no son tan sencillas, ni tan rápidas, ni tan felices.

"El amor es un jardín florido;
y el matrimonio es el mismo jardín, en el que han
nacido ortigas"

Anónimo

Divorcios multitudinarios

Lo primero que hay que tener en la mente es que los hijos son un hecho irreversible, pues cuando un hijo nace dos personas se convierten en sus padres y ello es para siempre. Simultáneamente, también hemos convertido a alguien en abuelo, también para siempre, y a otros en primos, sobrinos, y en ocasiones hermanos. Esto nos parece claro, salvo en el momento del divorcio, ya que en ese momento solamente cuentan las necesidades y la opinión de los cónyuges.

Ahora bien, si los cónyuges se divorcian no hay razón para que también lo hagan los parientes, pero habitualmente cada uno se pone de parte del suyo y todos terminan enfrentándose. La consecuencia es que los primos dejan de visitarse y muy probablemente los abuelos a los nietos. Disuelva, si quiere, su matrimonio, pero intente que sea solamente su desunión, no la de todos, y eso involucra a muchas personas.

Los padres no se divorcian de sus hijos, tan sólo de su cónyuge, pero esta frase tan popular sigue sin tenerse en cuenta. Insisto en que pueden disolver su matrimonio, no su familia, aunque esto que parece tan elemental ha sido totalmente distorsionado hasta por los jueces.

SENTENCIAS INJUSTAS

El padre, el buen padre, lo será hasta el día anterior al divorcio, pero despés lo tendrá mucho más difícil, pues la ley se lo impedirá. Los jueces dicen que, puesto que la familia está ya deshecha (recordemos que el hogar se deshace, la familia solamente se disgrega) no hay razón para hacer que los hijos sigan viendo a su padre (o, en ocasiones, a su madre) todos los días e impiden con sus resoluciones judiciales que jueguen o paseen juntos cotidianamente. Opinan que con una visita cada quince días es suficiente, y que más impedirá la vida normal del hijo. No sabemos los motivos para que justo unos días antes del divorcio ese hijo necesitase estar diariamente con sus padres y, súbitamente, se considere que una corta visita quincenal es lo mejor para todos.

La madre se queda habitualmente en la casa, con los hijos y con parte de la economía pasada, presente y futura del ex, y para que esa resolución legal no raye en lo inhumano se le permite al desahuciado hogareño que vea a sus hijos en lugares y horarios que se preestablecen. Desde ese día deberá planificar mucho mejor cómo gastar o ahorrar sus ingresos, y aun sintiéndose responsable y queriendo profundamente a sus hijos, solamente se le considerará útil para que pague la pensión a su ex mujer. Afrontar los gastos para la manutención de sus hijos es una obligación que le llevará a la cárcel si la incumple, pero nadie le exigirá que les vea periódicamente, ni nadie se quejará si no lo hace nunca. Su dinero es lo único que importa.

NOTICIAS REALES

CASO UNO

Un conductor de autobús (todos sabemos el corto salario que tienen) se ató con una cadena a las puertas de los Juzgados de Familia para que anularan una sentencia que le condenaba a pagar 450 euros al mes de pensión a su ex mujer. También tenía que seguir pagando los 300 euros de la hipoteca del piso en el cual seguía viviendo su ex. Si tenemos en cuenta que ganaba 1.000 euros al mes le quedan para vivir, comer, pagar un alquiler, vestir, etc., 250 euros. Ella tenía 35 años y no estaba inválida.

CASO DOS

Un fiscal pide seis meses de arresto y multa de 600 euros para una mujer de Almería por no haber pagado nunca la pensión mensual de 180 euros a su ex marido, quien, por cierto, tiene la custodia de sus cuatros hijos desde hace dos años.

Posteriormente, el Juzgado de lo Penal la absolvió al no poderse demostrar que ella dispusiera de recursos para satisfacer esa cantidad. Este último veredicto fue logrado gracias a que la Asociación de Padres Separados intercedió por ella aduciendo que era una barbaridad que una persona ingresara en la cárcel por el impago de las pensiones. La mujer ahora vive en Francia con otro hombre.

CASO TRES

Un hombre divorciado que había sido amo de casa durante los cuatro últimos años al divorcio (estaba en paro desde entonces), pidió una pensión a su ex mujer de 180 euros y la custodia del hijo de cuatro años. La sentencia primera anuló su petición pues, según la jueza, "un hombre que lleva cuatro años sin encontrar trabajo fuera de casa es un vago y no merece que nadie le mantenga." Posteriormente, el Juzgado de Primera Instancia le ha concedido la custodia del hijo y el derecho a la pensión, aunque mantuvo la patria potestad para ambos cónyuges.

NOTICIA UNO

La Asociación de Padres Separados pide que todos los asociados dejen de mantener a aquellas ex mujeres que ya viven con otro hombre (incluso sin casarse) o que tienen trabajo. Esta situación parece ser que abarca ya al 78% de las mujeres divorciadas, quienes no tienen ningún reparo en seguir viviendo a costa del trabajo de su ex.

En su alegato, la asociación dice que "¿por qué un hombre separado tiene que pagar una pensión durante años a su ex mujer, cuando el propio Estado solamente cubre durante dos años las necesidades de los parados, y eso en el mejor de los casos?" Insisten en que la mayoría de las mujeres que cobran pensiones viven ya una relación estable con sus nuevas parejas, pero se empadronan en lugares diferentes para engañar a los jueces que deberían suprimirles la pensión.

NOTICIA DOS

En el 9º Congreso de Mujeres Abogadas se pidió que se mantuviera la custodia de los hijos menores de 7 años para las mujeres, alegando que están más capacitadas que los hombres. En edades posteriores la custodia la tendría quien hubiera dedicado anteriormente más tiempo al cuidado del hijo. Paradójicamente, el Congreso se había convocado para eliminar la discriminación por razón de sexo.

En este mismo congreso se dijo que la sentencia del Tribunal de Justicia de la UE, en la cual se decía que la discriminación positiva a favor de la mujer es ilegal, suponía un retroceso en sus derechos.

NOTICIA TRES

El pleno del Senado español aprobó una moción que pretende garantizar que la relación de los nietos con sus abuelos no se vea trastocada tras un divorcio. El objetivo es proteger el interés del menor, pues se considera que hasta ahora la regulación actual relativa a los lazos entre nietos y abuelos tras una ruptura matrimonial no es "satisfactoria" y se pretende que los tribunales reconozcan la importancia de éstos de forma automática. Aunque esta ley puede hacer aún más dilatados los procesos de divorcio, se aseguró que no es ése el objetivo, sino el de "generar una cultura nueva de divorcio" que tenga en cuenta a los familiares más cercanos cuando hay niños por medio.

NOTICIA CUATRO

Una autora norteamericana escribió un amplio artículo en el que preguntaba a sus compañeras de sexo:

"¿Qué clase de ejemplo estamos dando a nuestras hijas pidiendo que las mujeres divorciadas sean mantenidas por sus antiguos esposos? ¿Cómo podemos aceptar que nues-

tros hijos pierdan a su padre por habernos divorciado?"

Y siguió: *"Para nuestro exclusivo beneficio estamos desvalorizando a los hombres, obligándoles a mantener a mujeres capaces de mantenerse por sí mismas, y quitándoles de sus derechos naturales como padres. La paternidad es un derecho natural, un derecho humano y no debiera haber juez que osara quitársela. Sin embargo, al varón se le priva de sus derechos más íntimos a favor de los derechos de la mujer. Yo soy mujer también, pero antes de nada soy persona y debo luchar contra esa injusticia que me beneficia.*

Los privilegios que reclaman algunas mujeres van en detrimento de su condición como personas, especialmente cuando a causa de un divorcio pretenden cuidar ellas solas a los hijos alegando que son capaces. Cuando lo consiguen, sus hijos crecen con la idea de que los padres, y los varones, no son necesarios en la sociedad, que las mujeres podemos hacerlo todo. Eso es sexismo, lo llamemos como lo llamemos".

La articulista, por cierto una abogada de prestigio, dijo que esto es un efecto bumerang que se vuelve contra la familia y luego contra la mujer, pues enfrenta a ambos sexos y crea rencores en los hijos.

"Sabemos –siguió explicando- *que en el derecho de familia sólo hay soluciones menos malas. Sabemos que hay padres que se olvidan que son tales, pero también ocurre con algunas mujeres y eso lo vemos cuando se encuentra un recién nacido tirado en un cubo de basura. Igualmente sabemos que existen buenos padres que sí quieren a sus hijos y que quieren seguir siendo tales, incluso después del divorcio. El problema es que terminan desanimados y frus-*

trados al verse reducidos a visitadores esporádicos de sus hijos y pagadores de una pensión. Las madres pasan desde ese momento a disponer de la familia, excluyendo de ella a la familia de su ex marido, y disponen del dinero otorgado por el padre con entera libertad, decidiendo también a qué colegio deben ir los chicos, las visitas al médico, los vestidos más adecuados, sin olvidarnos del factor más importante, la educación religiosa y social."

La conclusión que sacamos de este razonado artículo es que la mayoría de los hijos de divorciados han perdido a su padre, salvo para el pago de las pensiones. El otro interrogante que mantiene esa abogada norteamericana es si verdaderamente la mujer, por su condición de madre, sabe cuidar mejor a los hijos que el varón. Posiblemente en las antiguas familias, en las cuales el varón pasaba casi todo el tiempo fuera de casa trabajando y la mujer se quedaba como ama de casa fuera cierto; pero, ¿hay alguien que pueda olvidar que ahora, y desde hace 30 años, las cosas no son así? Hoy en día la mujer trabaja mayoritariamente fuera de casa, los hijos se cuidan primero en una guardería y posteriormente en el colegio, al mismo tiempo que los varones hacen la compra, cambian pañales y saben cocinar. ¿Por qué mantener unos criterios y leyes que ya no corresponden a nuestra sociedad actual?

Nosotros demandamos siempre lo mejor para los hijos y nadie en su sano juicio puede pensar que la presencia diaria de su padre le puede perjudicar afectivamente o en los estudios. Los hijos encuentran en cada uno de sus progenitores valores y elementos que le sirven para ser felices, en primer lugar, y luego para desarrollarse adecuadamente. La carencia de uno de ellos nunca le puede aportar beneficios, sino problemas. ¿O acaso vamos a soslayar la realidad? Todos sabemos que el criterio preestablecido de otorgar a la madre mayores beneficios para los hijos que al padre es sencillamente sexista, y ha supuesto que algunas mujeres abusaran de ello y se convirtieran en las protagonistas de los procesos de divorcio. Al saberse protegidas por leyes discriminatorias se aprovechan de ellas y actúan reclamando sus derechos, muchas veces manipulando una situación que más que redundar en beneficio de sus hijos, supone solamente un castigo indirecto al ex marido.

Para algunos juristas lo importante en esos hijos de divorciados es que tengan alimentos, horas de estudio y algunas visitas a su padre bien planificadas, pero con ello habrán perdido un derecho humano, a su vez fundamental: crecer con una figura paterna no subvalorada y, sobre todo, sin el afecto directo y fecundo que su padre le puede otorgar. Esas resoluciones judiciales olvidan que para cada hijo, madre y padre son iguales y su cariño igualmente vital.

¿Qué pasará con estas generaciones que están creciendo así, con el menosprecio hacia la figura paterna, dedicada solamente a aportar dinero? Todos sabemos que se recoge lo que se siembra, pero las injusticias legales hacen daño a varias generaciones, y eso lo saben y lo han sufrido anteriormente las mujeres.

Un hombre de éxito es aquel que gana más dinero del que su esposa puede gastar.

Una mujer de éxito es aquella que puede encontrar a semejante hombre.

Lana Turner

CRIMINALIZACIÓN DE LA PATERNIDAD

Texto resumido de un informe elaborado por Stephen Baskerville, profesor de Ciencias Políticas en la Universidad de Howard.

DELINCUENTES FAMILIARES INVOLUNTARIOS

"En el boletín Julio/Agosto para la Liberación de la Mujer publicado en Internet, su autor declara que no es probable que le dejen publicarlo posteriormente en otro medio, aunque agradece a todos los que han colaborado en su elaboración aportando información.

La paternidad es la cuestión de moda: en Estados Unidos hay iniciativas políticas, conferencias del personal estatal, comisiones de trabajo en el congreso y resoluciones de las mismas. También hay ahora ayudas federales, nuevas organizaciones sin ánimo de lucro y reportajes en los medios de comunicación que están ahora "promoviendo" la paternidad. No obstante, el descubrimiento en este país de la paternidad tiene un lado oscuro: se trata de las iniciativas de refuerzo legal dirigidas contra los llamados "padres vagabundos", un registro federal que afectan a millones de padres. Esta base de datos e información recogida sobre ciudadanos americanos acusados de nada, posee nuevos cuerpos de policías armados de paisano y un sin número de "castigos" infligidos a padres a los que se les acusa de ausentarse de sus responsabilidades económicas... con sus ex-esposas. Ya sabemos que se es padre con relación a los hijos, no referente a la esposa, pero la campaña para la presidencia de Al Gore puso un especial énfasis sobre la necesidad de encarcelar a más padres.

Lo que presenciamos hoy no es ni más ni menos que la criminalización de la paternidad: los castigos penales impuestos a ciudadanos que no han cometido ningún acto delictivo pero que han sido declarados prófugos por la mala acción de otros. Este fenómeno surge mayoritariamente en los casos de divorcio involuntarios y es infligido por los juzgados de familia.

Los juzgados de familia son el brazo del Estado que más a fondo se introduce en las vidas privadas de individuos y la familia. "Los juzgados de familia son la rama más potente de la judicatura", escribe Robert W. Page, Juez Presidente del tribunal de familia de New Jersey. En sus propias palabras: "el poder de los juzgados de familia es casi ilimitado". Un instructor judicial de New Jersey le dijo a un padre para justificar la ilegalidad de estas medidas: "Las normas de la Constitución de los Estados Unidos no son aplicables en los casos de relaciones domésticas"

¿Un padre comparece ante estos juzgados, sin ningún delito ni falta cometido? Da igual: de inmediato verá sus movimientos, finanzas, costumbres personales, conversaciones, compras y contacto con sus hijos, sujetos a la investigación y el control de juzgado. Debe someterse a interrogatorios sobre su vida privada, siendo este término de "interrogatorio" el que emplea para describirlo el autor Jed Abrahams. Debe facilitar también sus documentos personales, diarios, correspondencia y documentación financiera. Su casa puede ser allanada en cualquier momento. Las visitas a sus hijos pueden ser monitorizadas por funcionarios del juzgado y restringidas a un "centro de visitas supervisadas", para lo cual tendrá que pagar una cantidad por hora, y donde él y su hijo serán observados y escuchados durante el tiempo en que estén juntos.

Cualquier cosa que diga a su esposa o hijos, así como a asesores familiares o terapeutas personales, puede ser utilizada en su contra en el juzgado, y sus hijos pueden ser utilizados para informar contra él. Se les pregunta a los padres cómo se "sienten" respecto de sus hijos, qué hacen con ellos, dónde les llevan, cómo les besan, cómo les alimentan o bañan, qué les compran y qué conversan con ellos. Les obligan bajo amenaza de encarcelamiento, a pagar a abogados y psicoterapeutas que ellos no han contratado. Sus nombres se incorporan a un registro federal, sus sueldos serán embargados y el gobierno federal tendrá acceso a sus historiales financieros. Si rehúsan cooperar pueden ser encarcelados sumariamente, u obligados a someterse a examen psiquiátrico.

En adelante, ese padre no tiene voz ni voto sobre dónde residen sus hijos, el colegio al que asisten o su atención personal, formación religiosa o visitas al médico y al dentista. No tiene derecho a ver su expediente escolar o médico, ni control sobre los medicamentos o drogas que se le administran. Se le puede prohibir que lleve a sus hijos al médico cuando enferman. Se le puede indicar a qué servicios religiosos puede (o debe) asistir con sus hijos, qué puede hacer con ellos y qué temas puede o no debatir con ellos en privado. Y puede ser obligado a pagar dos tercios o más de sus ingresos en concepto de ayuda a su hijo y ex esposa.

"Economizar las lágrimas de vuestros hijos a fin de que puedan regar con ellas vuestra tumba"

Pitágoras

41

Sobre la pensión por alimentos

Si por cualquier razón el padre acumula pagos atrasados por un importe superior a 5.000 dólares, se convierte de inmediato en un rebelde. Si emigra a otro Estado teniendo pagos atrasados, tal vez para encontrar trabajo, se convierte en un rebelde. Es posible que pueda ser declarado rebelde desde el mismo momento en que sus hijos son recogidos. Si la pensión alimenticia que se le designa es lo suficientemente alta y si tiene el atraso suficiente, será considerado un rebelde instantáneamente y puesto inmediatamente bajo arresto. Violando claramente la Constitución, se afirma que "no todos los procedimientos contenciosos de pensiones alimenticias clasificados como penales recaen bajo la acción de un jurado" e "incluso los obligados a un pago que estén en la indigencia no tendrán necesariamente el derecho a un abogado."

Establecer las pensiones alimenticias de los hijos es un proceso político dirigido por grupos de interés feministas involucrados en la recolecta de ese dinero, pero de los cuales están excluidos los padres que pagan ese dinero. Tal legislación, emanada de los juzgados y de las agencias de refuerzo para la recolecta de estas cantidades, levanta serias dudas acerca del principio de la separación de poderes y de la constitucionalidad del proceso. Cuando los funcionarios de todas las ramas y niveles del gobierno tienen un interés financiero en la caza de una presunción de culpabilidad, esos "delincuentes", es predecible que acaben siendo realmente delincuentes para poder sobrevivir. Obviamente, cuanto más onerosas son las pensiones y tantos más incumplimientos o atrasos crean, más se demanda la ejecución coercitiva y más se solicita el personal y los poderes requeridos para ejercerla.

Existen empresas privadas dedicadas a la recolecta de estas cantidades. Ello no sólo crea un conflicto de intereses obvio en términos de qué cantidades hay que recolectar, sino que las empresas pueden verdaderamente crear los "delincuentes" y los "vagabundos" a los que se les ha encargado perseguir y de los cuales depende su negocio. Bueno, se me olvidó empezar el artículo diciendo que esta persecución inhumana solamente está dirigida hacia los padres varones.

En Los Ángeles, la Fiscal Adjunta del Distrito, Jackie Myers, declaró a Los Ángeles Times que abandonó la oficina en 1996 porque "se nos pedía que hiciéramos cosas poco éticas, muy poco éticas". Myers no es la única. "Tuve una llamada de un hogar para indigentes en la que me dijeron que yo había puesto a un hombre y a sus cuatro hijos en la calle porque había ordenado que pasase a su ex mujer una pensión que afectaba al 50% de su sueldo. Fue la primera vez que tomé contacto con las ramificaciones de mis propios actos".

Ahora se obliga, al menos en los Estados Unidos, a los hombres a mantener a los hijos que se ha demostrado que no son suyos biológicamente. De esta infamia jurídica fue objeto Charles Chaplin, el popular Charlot, quien a pesar de demostrar que el hijo que había tenido su adúltera esposa no era suyo, fue obligado a pasarle una suculenta pensión alegando el juez que su ex esposa no podía trabajar.

Ahora es frecuente que los padrastros tengan que mantener a sus hijastros e incluso los abuelos y las segundas esposas también son alcanzados en la persecución a que están sometidos para ingresar las pensiones. Una segunda esposa puede ser objeto de multas y retención de sus salarios para pagar una pensión a los hijos que su marido tuvo con otra mujer. Esto les puede parecer un despropósito y creer que no es cierto, pero dado que los jueces miran los ingresos familiares, y no los personales, siempre se da la circunstancia de que el dinero para pagar pensiones a una ex sale de todos los miembros de la nueva familia.

Otra monstruosidad legal es aquella que obliga a repartir las pensiones de viudedad entre todas las viudas existentes, pues se consideran como tales a las divorciadas. No existe, pues sería la más aberrante de las leyes, ninguna opción comercial o social que obligue a que la herencia de una persona se reparta entre anteriores socios. Una vez disuelta la sociedad y con ella los bienes, pasa a considerarse como no existente a todos los efectos presentes y futuros. Si las mujeres viudas fueran realmente conscientes de que son ellas las que están manteniendo económicamente a las ex mujeres e hijos de sus difuntos maridos, pondrían el grito en el cielo. Pero es cierto, pues el sueldo de viuda que le correspondería íntegro a ella debe compartirlo con otras personas con las cuales no tiene ni parentesco ni afinidad.

"Antes de matrimonio, un hombre anhela poseer a la mujer que ama. Después de la boda la 'Y' se convierte todas las noches en una 'I'."

Anónimo

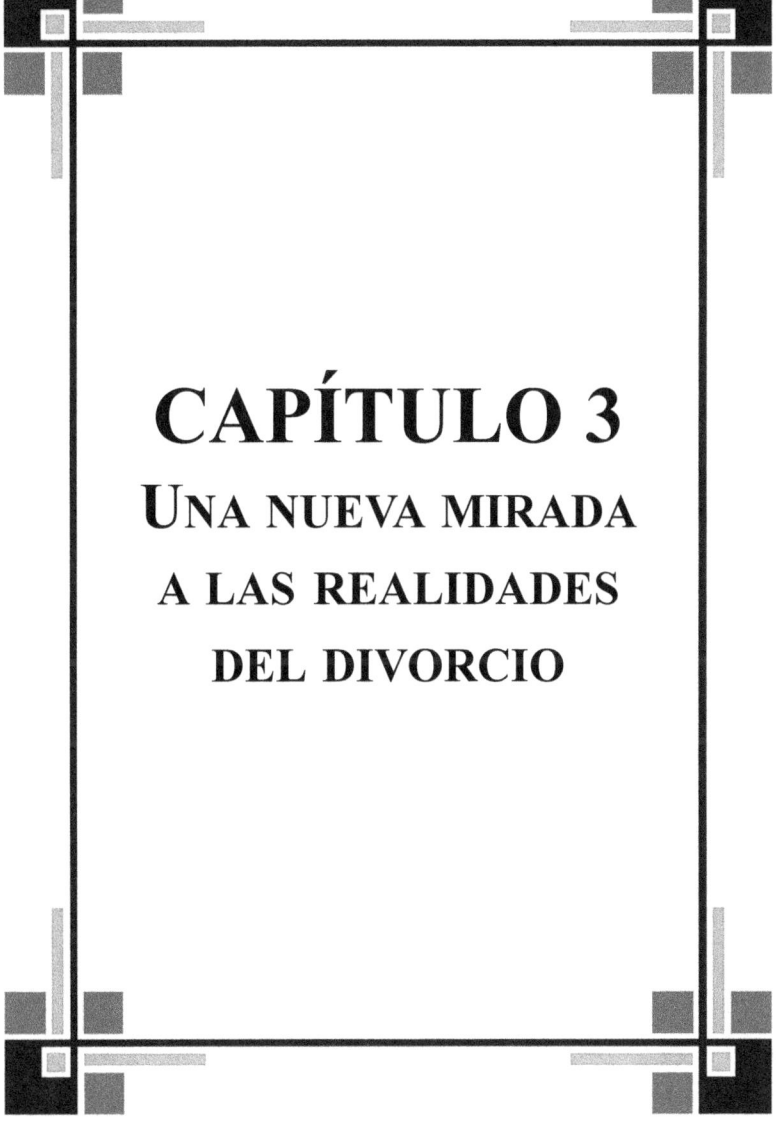

CAPÍTULO 3

Una nueva mirada
a las realidades
del divorcio

Nuevas leyes

En un artículo publicado en el periódico londinense "The Spectator", Melanie Phillips expone la intensa conspiración existente contra los hombres, víctimas de un sexismo que no sólo es legal en el Reino Unido hoy, sino obligatorio.

"Uno de los muchos misterios de nuestros tiempos es porqué la justicia británica ha abierto la veda sobre la especie humana. A los hombres se les está sistemáticamente robando su reputación, sus hijos y el dinero ganado con su trabajo. Las personas responsables de esta lucha de sexos son mujeres sobrias y hombres aparentemente justos y bien trajeados.

Si lo que se arroja habitualmente contra los varones se dirigiera a mujeres, gente de color, gays o inmigrantes, se opondría de inmediato una condena social por el más vil de los prejuicios, por discriminación e incluso por persecución. Y, sin embargo, la inmensa mayoría de las personas, o bien no saben de qué manera se han cargado los dados en perjuicio de los hombres o, si tienen una vaga idea, creen que en realidad se lo merecen.

¿Le parece que exagero? Considere la lista sobre maltratadores que ciertos políticos insisten en publicar. Ni siquiera la fotografía de los miles de presos (entre ellos asesinos y terroristas) que están en las cárceles ha sido publicada con tanto interés como ésta. El gobierno inglés ha indicado que también desea endurecer la ley sobre violación pues está seguro que no hay suficiente número de hombres que hayan sido condenados. Entre sus propósitos están el acortar los juicios, evitar los recursos y meterles rápidamente en la cárcel.

Los prejuicios antihombre forman parte, de hecho, de la mentalidad del gobierno, y eso que las investigaciones internacionales más rigurosas muestran abrumadoramente que los actos de violencia doméstica los comienzan ambos, aunque la respuesta del hombre es más contundente. Cuando se les preguntó porqué su grupo político no hace referencia a toda esta investigación, contestaron que el gobierno no puede involucrarse en temas tan "sutiles" y que aunque algunos hombres hayan sido maltratados por sus mujeres el número siempre es menor.

Por eso este grupo que tiene tanto trabajo no siente ningún interés por ayudar a aquellos varones que continúan desesperadamente intentando ser los padres de sus hijos tras el divorcio, pero se encuentran con que los juzgados ponen obstáculos formidables en su camino, incluso si los hombres han actuado rectamente y sus mujeres no. Los jueces de familia tienden a obligar a los padres a probar que son buenos padres, que no son violentos o represivos. Por el contrario, asumen que las madres son generalmente el mejor progenitor para convivir los hijos, sin pararse a examinar cómo se han comportado.

Cierto que algunos hombres se portan muy mal con sus mujeres e hijos, pero los abogados matrimonialistas estiman, sin embargo, que no más de un tercio de los maridos que ven son violentos, y que tanto las mujeres como los hombres mienten en igual proporción. Y, sin embargo, los juzgados están institucionalmente sesgados contra los maridos, arrojándoles de sus casas con el mínimo pretexto, despojándoles de sus hijos y sus bienes."

Otras conclusiones pertenecientes al mismo informe

"La falta de contacto con sus hijos es una fuente de inmensa injusticia y miseria para muchos padres. Los abogados dicen que este es un escenario muy típico. La madre decide separarse porque ha encontrado a otro hombre y emplea la justificación legal de malos tratos psíquicos continuados. Bien, todos sabemos que las parejas que han decidido divorciarse no intercambian piropos precisamente, pero desde ese momento el padre verá limitado su acceso a los niños, aun cuando su categoría como padre sea ejemplar. Lo que viene después ya lo sabemos, pues ninguna mujer irá a la cárcel por impedir que el padre vea a los hijos en las fechas y horas marcadas por el juez, pero si éste deja de pagar la pensión alimenticia se le requisará el sueldo, primeramente, y luego irá a prisión."

Como corrección a estas manifestaciones la nueva presidenta de la sección de familias del alto tribunal, Isabel Butler-Sloss, negó unos meses atrás, ese mismo año, que los derechos de contacto de los padres con los hijos fueran escasos o injustos aunque, añadió ambiguamente, que en una pequeña minoría de padres se suscitaron verdaderos problemas.

Un caso comentado fue el de aquel padre que, en un McDonalds, abrió los brazos frente a su hija y le dijo: "Apuesto a que no me has visto nunca con traje", y un asistente social que vigilaba malinterpretó el gesto, decidiendo que la niña había rehusado devolver el abrazo que su padre le instaba a darle y, como consecuencia de esa apreciación, se le negó el contacto con ella.

O aquel padre cuyo contacto quincenal con su hijo de quince años fue impedido porque "el niño tenía que recorrer muchos kilómetros", o aquel otro al que se le justificó la pérdida del contacto diciendo que "el niño se quedaba dormido en el coche cuando lo devolvía a casa". Un niño de 13 años no había visto a su padre hace más de ocho años, porque se le hizo creer que un mandato contra su padre se lo impedía. Nadie -y menos su madre- le dijo que el mandato duraba solamente un máximo de tres meses y que durante los últimos ocho años él había tenido el derecho de ver a su padre.

UNA LEY DISCRIMINATORIA

El desastroso impacto de la ausencia del padre en la vida de los hijos está bien documentado, pero los daños morales sobre el padre son menos conocidos. Algunos acaban teniendo colapsos nerviosos o suicidándose; otros pierden sus empleos cuando tratan de visitar a sus hijos que se han mudado a un lugar diferente del país. Por supuesto, hay hombres que se apartan de sus mujeres y dejan a sus familias, pero la mayoría de los hombres se han divorciado contra su voluntad. El dolor del fracaso familiar se hace insoportable cuando se le añade la enorme injusticia de un sistema legal que bajo apariencias de imparcialidad, lo que hace a menudo es recompensar a la esposa y castigar al varón. ¿Cómo puede suceder esto?

La reforma en el Reino Unido no parece posible y muy probablemente este nuevo siglo pase a la historia como la época de la "caza del varón", especialmente porque existe un documento que elaboró en 1996 la Asociación Nacional de Funcionarias Probatorias titulado "Iguales Derechos: Política Antisexista". En este documento se proclamaba que el matrimonio sujetaba a las mujeres a la tiranía del marido; que la sociedad se basaba en el control patriarcal del macho sobre las mujeres y los hijos. Después afirmaba que el control se extendía a todas las instituciones, y que la opresión de las mujeres debe ser desafiada en los juzgados. Por tanto, concluía, el propósito del funcionario de la asistencia social era contrarrestar la discriminación contra las mujeres en el contexto de una convivencia conflictiva y en las decisiones que tienen que ver con el régimen de visitas. ¿Debo recalcar que este informe fue elaborado por mujeres?

Hoy en día, cuando el varón ha asumido muchas de las tareas del hogar y demuestra gran habilidad cuidando de los hijos pequeños, mientras que la mujer ya no ejerce el control total del hogar al tener que trabajar fuera, se hace necesario revisar muchos de los conceptos tradicionales. Por eso, y nuevamente en caso de divorcio, las necesidades diarias de los hijos siempre se podrán cumplir mejor si son ambos padres los que se encargan de su custodia, que cuando se delega de modo exclusivo en otro. Los últimos datos aportados por abogados especializados en divorcios demuestran que habitualmente los varones son quienes solicitan la custodia compartida, mientras que las mujeres piden la exclusiva para ellas. En aquellos estados norteamericanos en los cuales las madres ya no obtienen la custodia de forma inmediata, ha disminuido la tasa de divorcios.

Las denuncias por sexismo hacia los varones van aún más lejos, pues existen declaraciones y encuestas que demuestran que los hombres viven aterrorizados de que se les considere como personas con prejuicios contra las mujeres, lo que supondría su descrédito, mientras no existe esa contrapartida hacia las mujeres. El resultado es que en esta tenaz zambullida de falsos estereotipos toda la sociedad acaba perjudicada.

MUCHOS PROTAGONISTAS PARA UN PROBLEMA PERSONAL

No hay un modelo único para analizar los problemas del divorcio ni, por tanto, una ley o sistema que sirva para ayudar a todas las personas involucradas por igual. Indudablemente existe una trilogía básica, que son ambos esposos y los hijos, pero hay muchas personas más que intervienen en este conflicto que debería resolverse exclusivamente de modo particular.

Normalmente y salvo casos de violencia o adulterio, los familiares de los cónyuges nunca apoyan su decisión, lo que obliga a pedir consejo a los amigos y, en el mejor de los casos a un psicólogo. Desde el momento en que los cónyuges comunican a sus familias respectivas el inicio del proceso de divorcio surge siempre la pregunta clave: ¿lo has pensado bien? Bueno, esta pregunta siempre obtiene un sí como respuesta, pues no es frecuente que una pareja enamorada se quiera hoy y mañana pida el divorcio.

LOS ABOGADOS

Cuando existe la sospecha de un arrebato motivado por una disputa intensa el día anterior, o un ataque de celos, los mismos abogados se toman las cosas con calma cuando reciben a una persona nerviosa que les piden que les inicie el proceso de separación matrimonial. Saben que es frecuente que las cosas vuelvan a su cauce, que los besos y las frases de perdón lleguen a los pocos días, y por eso dicen que les llevará unos días elaborar el dossier.

Para muchas personas el abogado se ha convertido en un consejero sentimental, el hombro sobre quien llorar y en la persona que, a cambio de dinero, le resolverá su vida y futuro. Tal dejación de responsabilidades conlleva no pocas frustraciones, pues la misión de un abogado es canalizar jurídicamente los deseos de sus clientes, pero en ningún modo resolver sus problemas. Pero hoy en día las parejas en conflicto acuden a "su abogado" cada vez que tienen un problema, pues están seguros que ellos le resolverán rápida y eficazmente su conflicto, que para eso le pagan. Han sustituido al párroco, al amigo fiel y a los padres, en su papel de consejeros serenos, por una persona para quienes los divorciados son simplemente sus clientes, un caso, un proceso.

Haciéndolo así, la persona que solicita sus servicios le suministra toda clase de información, veraz en ocasiones, desvirtuada y falsa la mayoría, para que consiga destrozar y vencer a su enemigo, su cónyuge. Antes era la persona a quien amaba, pero ahora, gracias a este intermediario tan eficaz, pasa a ser el contrario. Por supuesto la jerga se modifica desde entonces y el cónyuge es alguien a quien hay que ganar, "un caso entre manos" y una persona que "no logrará vencernos". Ya tenemos al malvado y al mismo tiempo estúpido enemigo definido, sea la mujer o el hombre, y deberemos emplear todos los "recursos que la ley nos proporciona" para vencerle. Y así, cuando después de un largo "proceso" de acusaciones, denuncias y peticiones, el juicio se celebra y se dispone del veredicto, uno de los dos abogados dirá feliz a su cliente: "hemos ganado el caso".

Después llegará la "minuta" y la reflexión de la pareja sobre lo que ha ocurrido estos meses atrás. Ambos se plantearán si verdaderamente se trataba de un enemigo a quien había que vencer o, simplemente, una persona a la que un día quisieron y con quien ya no desean convivir. Una persona, un ser humano como ellos, que también ha sufrido todo el calvario de acusaciones y querellas, y con quien deberían haber hablado más y pelear menos.

Si las desavenencias de la pareja traspasan ya su propio hábitat, ingresan entonces en el conflicto los mediadores, a modo de árbitros, especializados o no, entre ellos los amigos, conocidos, que suman opiniones, toman partido, establecen alianzas y se manifiestan basándose en sus propias experiencias, por uno u otro miembro de la pareja. También hacen su entrada en el campo del conflicto una diversidad de profesionales y técnicos, y las instituciones que los albergan (abogados, asistentes sociales, psicólogos, psiquiatras, funcionarios judiciales, docentes, etc.). A veces, con este sinnúmero de participantes, quedan en segundo plano los verdaderos protagonistas: la familia en crisis. Todos estos técnicos, que operan seguramente desde diferentes teorías, distintas metodologías, ideologías, estrategias, etc., no deben, a nuestro entender, perder de vista las sentidas y muchas veces silenciadas necesidades de los hijos de esas parejas.

Pero si esto complica todavía más el divorcio, imagínense cuando aparecen los elementos más dañinos, los abogados, quienes con el ánimo de "no perder el caso", (si lo ganan tendrán más prestigio y clientes y, por tanto, más dinero) responden a ciegas, cualquiera sea el costo, a los pedidos de sus clientes, o a su necesidad de aportar más pruebas, mediante declaraciones, pericias, diagnósticos, audiencias, entrevistas con niños y/o adolescentes, que muchas veces no se justifican o son apresuradas, generando de tal modo más obstáculos y agravando la situación de riesgo, indefensión y desesperanza de estos hijos y sus padres en crisis.

Los padres

Salvo excepciones, ningún padre acoge como una buena noticia el divorcio de sus hijos, mucho menos quienes ya lo padecieron anteriormente en carne propia. La reacción es muy variada y abarca desde la ayuda incondicional para actuar de intermediario, poner a su disposición una habitación hasta que se le "solucionen las cosas", hasta quienes se convierten en un ascua ardiente culpando a unos y otros. No hay pues posibilidad de saber su respuesta, ya que en ocasiones las broncas las recibe el propio hijo, a quien acusan de no saber ser un buen cónyuge o faltarle tolerancia, poniéndose de parte del otro cónyuge.

Frecuentemente los padres siempre acusan a sus hijos de no ser tolerantes con los defectos del cónyuge y no comprenden cómo se puede romper un hogar aparentemente feliz hasta entonces, por simples problemas de carácter. Ellos están convencidos de que con el diálogo y la buena voluntad la pareja podría volver a unirse, acusándoles de falta de madurez y de egoísmo, especialmente si hay hijos.

Hay quien decide no inmiscuirse y explican que eso "es asunto tuyo", que es lo mismo que decirle "déjame en paz y no me des problemas". También hay quien asegura que "ya te lo advertí" o "tú te lo has buscado", mientras que otros se dedican a decir toda clase de barbaridades sobre su pareja, a quien ahora, ¡oh, sorpresa! dicen odiar desde el primer día que la vieron.

Nada más recibir la noticia lo habitual es que se comuniquen con los padres del cónyuge, primero para tratar de ayudar a sus hijos a superar "el trance" y disuadirles del divorcio, y posteriormente para acusarse mutuamente. En pocos días, los que antes compartían alegrías en las reuniones familiares de cumpleaños y Navidad, ahora se convierten en enemigos irreconciliables, maldiciendo a los hijos del otro. Las chicas suelen ser acusadas de golfas, o cuando menos ariscas, mientras que los chicos, o son unos vagos o le dan a la bebida. Desde ese momento se acaban esas sonrisas y abrazos que tanto les unían y pasan a ser un elemento más en la guerra familiar.

Quienes optan por el camino más pacífico ignoran a la familia postiza y se dedican a ayudar en lo que pueden a su hijo divorciado, no hablando mal ni de uno ni de otro, con la esperanza de que el tiempo les vuelva a unir. Estos padres son los que se muestran más disponibles y voluntariosos para cuidar de los nietos, pues saben que los pequeños llevan siempre la peor parte. El problema es que los jueces no opinan igual y marginan a los abuelos, a pesar de su larga experiencia cuidando niños, otorgando la custodia absoluta a uno de los cónyuges, aun sabiendo que no dispone del tiempo necesario para cuidar a sus hijos.

Los abuelos, además, no aparecen en ninguna de las sentencias judiciales, se les margina del problema, y eso que son padres y abuelos de esa familia rota, además de poseer una templanza que no tienen los hijos. Por increíble que parezca no se les asigna ningún régimen de visitas, ni se les emplea como cuidadores idóneos para llevar y traer a los niños del colegio o cuidarles en vacaciones.

LOS HERMANOS

Igualmente minimizados, cuando no olvidados, en las resoluciones judiciales, los hermanos suelen acusar la desunión familiar de forma dispar, teniendo en cuenta su edad y la unión afectiva hacia sus padres. Cada uno dispone de una personalidad única, y llevará la separación familiar de modo diferente, por lo que el empeño loable de mantener a todos los hermanos juntos supone, en ocasiones, el daño para uno o varios de ellos. Todos sabemos que en las familias numerosas cada hijo se siente más ligado a un padre que al otro y eso se debería tener en cuenta en las resoluciones, pues lo que en principio parece una unión (todos los hermanos conviviendo con un mismo padre), se termina convirtiendo en una injusticia más.

Algunos jueces creen que los hermanos necesitan estar imperiosamente juntos, más incluso que con sus padres, lo que no es en absoluto cierto cuando las diferencias de edad son altas. Entre ellos es frecuente las rivalidades y aunque algunos sentirán la soledad por no poder jugar entre ellos, los mayores pensarán especialmente en sus amistades, pues para ellos la idea de perderlas supondrá un trauma serio.

MEDIDAS FUERA DE TODA JUSTICIA Y HUMANIDAD

Los padres que han sido empujados hasta el punto de ruptura rara vez atraen la atención de los medios de comunicación, porque todo el mundo asume que son "padres negligentes". Las requisitorias del Gobierno se dirigen contra hombres atrasados en los pagos de pensiones, llamándoles "padres delincuentes" que "se sustraen de sus deberes en el sostenimiento de sus hijos" y que, por tanto, necesitan "ser obligados a afrontar sus obligaciones".

El gobierno de Ontario declara que tales padres deben 1.200 millones de dólares en pensiones sólo en esa provincia, y registran que sólo un 24% de los obligados a pagar están al día. Se ha pintado un retrato maldito de todos los padres divorciados.

Pero el asunto es mucho más complejo. Para los que no están familiarizados con el tema, los registros de la oficina de refuerzo para el sostenimiento de niños son notablemente poco fiables y desfasados. El año pasado, a Wayne Sagle, de Ontario, le comunicaron que debía 51.000 dólares en concepto de atrasos. Sólo tras haber contactado la oficina nacional de correos con la ex-exposa de Mr. Sagle tuvo que admitir el gobierno que los 51.000 eran una ilusión. Con la declaración de la ex-esposa reconociendo que los niños habían vivido con su padre desde 1990 se evidenció que el auténtico problema fue el retraso burocrático crónico. Por supuesto, ella no le pasaba ninguna pensión por los hijos.

En otro caso, meses después de que un hombre obligado a pagar pensión se suicidara, la oficina de refuerzo para el sostenimiento de niños de Ontario continúa enviando requerimientos a uno de sus domicilios anteriores y, sin duda, a contabilizar sus atrasos en el monto total del dinero adeudado. (Un estudio en USA determinó que el 14 % de los hombres listados bajo el epígrafe de negligentes en los registros estatales habían en realidad fallecido.)

En algunas provincias canadienses, hombres que pagaban sus pensiones religiosamente cada dos semanas (el día de cobro) fueron clasificados como atrasados en el pago por medio mes, tan sólo porque las oficinas de refuerzo para el sostenimiento de niños tienen su contabilidad basada en un ciclo mensual.

No existe investigación alguna sobre los pagadores de pensiones en Canadá, pero los estudios realizados en otros países indican que la gran mayoría de los hombres divorciados cumplen sus obligaciones, y los que no lo hacen, a menudo tienen buenas razones para ello.

De acuerdo con Roger Gay, un experto internacional en el pago de pensiones, que vive en Estocolmo, la única estadística significativa sobre pensiones pagadas a los niños es el porcentaje de pensiones dictaminadas por los jueces que se pagan de hecho. En USA, dice, "los padres en general pagan entre el 70 y el 80% de lo debido".

Y lo que es más, las altamente publicitadas medidas, como suspensión de permisos de conducir, revocación de pasaportes y condenas carcelarias, han logrado poco. A pesar de los esfuerzos de los 50.000 funcionarios empleados por la burocracia para la recaudación de pensiones para niños en USA -que cuesta 4 billones de dólares al año- el Sr. Gay dice que el porcentaje de pensiones alimenticias pagadas no ha cambiado desde mitad de los años 70. "Hemos dejado pasar demasiados años sin admitir ante la opinión pública que estas medidas no han sido más que un fiasco".

La nueva "caza de brujas"

La dificultad en recaudar el restante 20-30% se debe esencialmente al hecho de que la guerra abierta contra los padres negligentes es en realidad una guerra abierta contra los depauperados, contra hombres que siempre han estado en situación de marginalidad económica o han resultado empobrecidos a causa del mismo proceso de divorcio. También hay un alto porcentaje de hombres que no pagan al saber que su ex-esposa está en una situación económica muy superior a la suya, aunque no pueden probarla.

De acuerdo con el Instituto de la Pobreza, la mitad de los padres no-pagadores de Wisconsin ganan menos de 6.200 dólares al año y solo uno de cada diez gana más de 18.500 anuales. Otras investigaciones muestran que la tasa de desempleo es uno de los más fiables predictores del cumplimiento de las pensiones por alimentos. Aun así, y conscientes de que además del despido pueden acabar en la cárcel, la mitad de los hombres desempleados, según una investigación tomada de una muestra estadística, todavía se las arreglaban para pagar la cantidad total.

En 1996, un funcionario de la oficina de refuerzo para el sostenimiento de niños de Oklahoma, en un artículo para el Christian Science Monitor, acusaba a los políticos de padecer ansia por encontrar "los perfectos cabezas de turco", y demonizar a los padres que no pagaban. "La mayor parte de los padres negligentes son, en realidad, hombres intimidados, enfadados por la injusticia y deprimidos", escribía el funcionario, que admitió haber encarcelado a cientos de ellos.

"No sólo muchos de esos padres negligentes son despedidos de sus trabajos, sino que a menudo, su fracaso como pagadores les llevan a no poder ver a sus hijos ni a encontrar un nuevo trabajo. Yo perseguí a uno que había sido hospitalizado por malnutrición y otro que vivía en la cama de un furgón. Muchas veces he perseguido a hombres empobrecidos por sus esposas que, a su vez, se habían vuelto a casar con hombres de éxito y que vivían en condiciones confortables, pero no renunciaban a la pensión de su arruinado ex-marido".

Sin embargo, el estereotipo del padre divorciado con montones de dinero, que mezquina y deliberadamente rehúsa darlo, persiste e influencia negativamente a los jueces. En palabras de Pauline Green, una abogada de familia de Toronto, "algunos jueces piensan que los hombres se han salido con la suya demasiado fácilmente en el pasado con temas como las pensiones alimenticias. Su posición es: "No me importa lo que nadie diga, no me importan las excusas que tengan, todos tienen que pagar o les encarcelo"

Susan Baragar, una abogada que, además, es feminista, de Winnipeg, añade: "No hay equidad en los juzgados de familia. Hay un chiste común entre nosotros, los abogados de familia que dice: "si tú eres el hombre, ponte el casco y recula. Hay injusticias que siguen otro camino, si lo consideramos desde una perspectiva de caso por caso, pero en general, sé que si represento a una mujer lo voy a tener más fácil ante un tribunal. Basta con una lágrima o que manifieste malos tratos, para que obtenga toda la ayuda posible del juez."

Mientras que la sociedad insiste en que los padres divorciados deben "ser contabilizados" algunos investigadores están planteándose si ese deseo contable no está resultando una persecución.

En "Padres Derrochadores", los coautores Ross Parke y Armin Brott presentan una letanía de historias de terror, incluyendo el caso de un portero acusado en falso de asesinato por parte de su ex-esposa, quien dijo conocer los detalles y la víctima. Después de una década en distintas prisiones de Texas, el hombre fue liberado sólo con una factura de 22.000 dólares en concepto de pensión de alimentos por los años que estuvo entre rejas.

CARTA DE UNA FEMINISTA
Karen L. Wilson (Canadá)

"Como feminista largo tiempo activa, estoy abatida por el tratamiento que actualmente se da a los padres no custodios y a sus hijos. En una era ya pasada, las mujeres no disfrutaban de la libertad e igualdad que disfrutamos hoy. En aquel tiempo, las mujeres decíamos: "si tuviéramos el control del mundo, seríamos más amables, más compasivas, mas justas". Educábamos a nuestros hijos varones en la creencia de que los hombres podían y debían compartir la labor de criar a sus hijos.

Les educábamos en la creencia de que el papel masculino no era ya el de aquel patriarcal, fuerte y silencioso ganador del pan. Les decíamos a nuestros hijos varones que ellos podían y debían mostrar la cara más suave, amable y cálida de su naturaleza. Ahora les estamos diciendo que son poco menos que vacas que se ordeñan en busca de dinero.

Actualmente, muchas mujeres con la ayuda de nuestras leyes de divorcio, de abogados con exceso de celo, y de nuestro sistema judicial, se han convertido en vengativas y controladoras. Ellas separan a padres que aman a sus hijos de esos hijos, con una gélida indiferencia hacia las necesidades de los niños. Contemplan a sus ex-maridos como una fuente inanimada e inagotable de ingresos y en este empeño están siendo ciegamente apoyadas por una maquinaria legal sin sentimientos. Esto no es igualdad para las mujeres: es un dominio ejercido por las mujeres y el sistema legal. Esta no es la igualdad que buscábamos. No es la igualdad que yo y otras como yo luchamos tan duramente por conseguir. Estamos perpetuando la noción acuñada de que las mujeres deben ser dependientes del hombre desde el punto de vista financiero, incluso después del divorcio. Estamos perpetuando el antiguo mito de que los hombres deben permanecer alejados y no próximos en la crianza de sus hijos porque eso es un "trabajo de mujeres". Bien, pues ¡no es solamente un trabajo de mujeres!

Ahora tienen la llave para lograr la auténtica igualdad para hombres y mujeres, cuando se produce una situación de ruptura matrimonial. Por favor, consideren esto urgentemente: la custodia compartida automática, con igual tiempo de estancia con los hijos por parte de ambos padres, excepto en casos de abuso extremo (por parte de cualquiera de los dos cónyuges.) Ambos progenitores compartiendo los mismos gastos, cuando y de la manera en que sea posible. Pensión compensatoria en casos excepcionales por un tiempo delimitado y definido, pues nadie debe ser mantenido de por vida. Estructuras de apelaciones/revisiones no judiciales de bajo costo. Un sistema de legislación fiscal justo para ambas partes. Fin del sustento económico obligatorio para los hijos que hayan alcanzado la mayoría de edad.

Hoy en día se está gastando en tribunales tantísimo dinero que debiera estar destinado a los niños. Muchas personas, hombres, mujeres y niños, están sufriendo terrible e innecesariamente a causa de leyes y decisiones judiciales injustas. Esta carnicería no es igualdad para nadie. Es la violación de los derechos humanos practicada metódicamente en un país que se considera abanderado de esos derechos."

Con los psicólogos nos hemos topado, Sancho

El siguiente informe fue publicado en Londres en el año 1999 y elaborado por la antropóloga Helen Fisher, a su vez divorciada dos veces. Según ella, las relaciones de pareja están programadas genéticamente para que se autodestruyan al cabo de cuatro años. Para avalar su tesis dice que el estudio fue efectuado durante 15 años en 62 países, pero mientras que para las pruebas científicas, en cualquier campo, se necesita la evaluación de numerosas y dispares personas, para otros un simple informe al que nadie sometió a control previo es suficiente.

Fisher, que trabaja en la universidad de Rutgers, afirma que los hombres presentan mayor diversidad genética y tienen, por tanto, más probabilidades de sobrevivir después de un divorcio, razón por la cual suelen echar alguna cana al aire estando casados pues no les preocupa las consecuencias. Sin embargo, la mujer es quien necesita cambiar de compañero estable en busca de una nueva monogamia. Sus genes -y sigo transcribiendo las conclusiones de esta antropóloga- determinan un ciclo de cuatro años de cortejo, matrimonio, adulterio y divorcio.

"Las sustancias químicas que libera el cerebro y que hacen que nos enamoremos se agotan al cabo de 36 meses, y por lo general las mujeres tardan un año en darse cuenta de este cambio, buscar otro compañero y poner fin a la relación. No creo que esto sea algo que deba sorprendernos: prácticamente ningún otro mamífero permanece cuatro años con el mismo compañero".

Después reconoce que muchas parejas viven felices para siempre y que tanto en el Reino Unido como en los Estados

Unidos, a pesar del gran número de divorcios, la mayor parte de los matrimonios duran toda la vida. Incluso, los divorciados suelen volver a casarse y a vivir felices con su nueva pareja.

Otra señora igualmente divorciada, Mary Macloud, hace de su problema personal una norma y dice:
"Las parejas suelen sobrevalorar el amor y la pasión. Habría que ver el matrimonio con la mente fría, como una asociación o una empresa".
Sin embargo, su tesis fue contestada por Helena Cronin quien dijo:
"A los hombres no les gusta cuidar a los hijos de otros hombres. En las especies en las que la hembra no suele ser monógama, la mortalidad infantil es alta. Los hombres están genéticamente predispuestos a detectar la infidelidad, pues este comportamiento reduce sus probabilidades de transmitir sus propios genes; esto se manifiesta en los celos que muestran muchos de los varones. La creación de lazos duraderos en una pareja, a lo que contribuye tanto la extrema vulnerabilidad de los recién nacidos como el amor, es una de las razones que explica el éxito de la especie humana. No creo que esto cambie.

MUJERES DIVORCIADAS

Y para las mujeres divorciadas el problema es similar. Hasta ese día ellas compartían economía y problemas al unísono con su marido, frecuentemente con el sueldo de ambos y así podían lograr cierto bienestar económico. Indudablemente compartir con alguien vivienda implica también ver limitadas las aspiraciones personales y sociales, pues todo cuanto hagamos debe estar de acuerdo con

los deseos de la pareja. Cuando no es así, las conquistas de uno perjudican al otro, entablándose en poco tiempo una guerra, al principio sutil y posteriormente física, para ver quién de los dos pide más libertad. Llegado a un punto sin retorno, en el cual los dos cónyuges se acusan mutuamente de coartar sus ilusiones y aspiraciones, aparece en sus mentes la idea salvadora: el divorcio. Con él, ambos tendrán independencia, felicidad, tranquilidad y nuevas amistades. Tan idílica es la situación que pronto ambos deciden que el divorcio es lo mejor "para todos" y que tienen derecho a "encauzar sus vidas".

Y ahora tenemos ya a la pareja recién divorciados, después de meses de peleas, abogados y tensiones, tratando de saber dónde estaba ese paraíso con el cual habían soñado y que numerosas personas le habían dicho que existía, casi a la vuelta de la esquina. Algo debe fallar en estas predicciones tan idílicas, pues lo más habitual son las depresiones, la sensación de soledad, la tristeza y la irritabilidad. Por supuesto, la mayoría sigue culpando a su ex-cónyuge de todas sus desgracias pasadas y presentes, aunque hay quien le seguirá culpando en el futuro. Cuando las cosas no le terminen de salir bien siempre podrá ponerse la máscara de víctima y decir: "la culpa la tuvo mi pareja, que no me dejó... (Pongan aquí lo que quieran), y ahora ya es demasiado tarde."

Las mujeres lo tienen aún más difícil y eso que cuentan con numerosos organismos oficiales, atendidos por señoritas sonrientes (nunca por varones), que han llegado a creer que allí le solucionarían todo, incluida la felicidad. Luego, cuando se dan cuenta de que cada cual debe buscarse las lentejas por su cuenta, maldicen a esa señora Brown, que con su espléndido BMW y su cigarrillo en los labios, les ha hecho creer que la vida es así para todas las mujeres independientes. Mi consejo es que no se crean estos cuentos de hadas y sean conscientes de que del mismo modo que no existe Superman tampoco hay una Supergirl, salvo en nuestra imaginación. El divorcio les puede liberar de seguir viviendo junto a una persona que odian o que les martiriza psíquicamente, pero no les aportará más posibilidades de encontrar un trabajo estable y bien remunerado que antes. Cuando usted llegue a una entrevista para un nuevo empleo, su condición de divorciada no le aportará más puntos que si estuviera soltera, y quien le diga lo contrario le está engañando.

Con esto no le estamos aconsejando que no se divorcie (al menos le pedimos que lo piense), sino que no se haga falsas ilusiones pensando que el mismo día que tenga en sus manos el divorcio legalizado sus problemas habrán desaparecido y solamente encontrará felicidad. Indudablemente ya no compartirá hogar con una persona con la cual no es feliz, pero le llegarán nuevas ataduras, nuevos problemas y nuevas encrucijadas que tendrá que resolver en solitario. Con el tiempo y si posee un mínimo de responsabilidad, inteligencia y tranquilidad, saldrá adelante, pero eso no llegará necesariamente al día siguiente del divorcio.

EN BUSCA DEL PARAÍSO PERDIDO

Hombres y mujeres recién divorciados se meten a una carrera imparable en busca de lugares de diversión, normalmente nocturnos, intentando dos cosas: que su ex se entere y poder seguir manteniendo amistad con personajes del sexo contrario. Este sarampión de libertad viene unido a un cambio en la indumentaria, más llamativa y juvenil, nuevos modos de hablar (frecuentemente más vulgares), así como el retorno a hábitos tan negativos como son beber alcohol y fumar. Ellos y ellas parecen sentirse felices llegando a sus casas de madrugada, tal y como hacían en sus años jóvenes, participando en grupos y viajes colectivos, acudiendo a gimnasios para recuperar la figura y hasta reanudando los estudios suspendidos al casarse. Es volver al pasado glorioso, dicen, aunque todos sepamos que no es posible salvo que dispongamos de la máquina del tiempo de H. G. Wells.

Y siguiendo con un artículo de Pablo Mirell, en el cual habla de ese personaje de televisión llamado señora Brown, el autor nos explica que la mayoría de las mujeres que la han tomado como referencia razonan así:

Sé lo que tengo que ser o a quién tengo que parecerme: Murphy Brown.

No puedo: no le llego a Murphy ni a la altura de sus medias de seda. Jamás llegaré a ser como ella y, por tanto, ni me realizaré, ni seré libre, ni siquiera feliz.

En USA los psicólogos reconocen ese complejo al que denominan ya como el de Murphy Brown, pues la frustración que crea es inmensa y difícil de erradicar. Esa frustración a veces se exacerba, y se transforma en auténticos trastornos, maníaco depresivos en ocasiones, paranoicos en otras, e incluso esquizoides. Haber obligado a miles de mujeres pos-divorciadas a ir en busca de un espejismo les ha llevado a este estado de angustia. Y es que la realidad está en la calle a nuestro alrededor, en miles de chicas que han dejado sus estudios para trabajar en cualquier empleo, y en miles de mujeres divorciadas, muchas con una gran preparación cultural detrás, que ni siquiera encuentran trabajo en empleos infames a causa de su edad. Es como decir a todos que "El sueño americano" es tan real como nos dicen y que basta ir a Norteamérica para convertirse en un acaudalado neoyorquino, con limusina incluida.

En ese momento, que llega apenas al año del divorcio, cuando ven que sus sueños no se cumplirán, empezarán a encarar la vida realmente y a luchar por conseguir el bienestar deseado. Ahora ya no hay paraísos irreales y con el alma más tranquila es el momento de luchar como antaño. Atrás ya las disputas hogareñas, con los hijos ya mayores y la mente más despejada, todo es posible, siempre y cuando se libere del victimismo o de seguir culpabilizando a su ex-cónyuge (a quien posiblemente no ve desde hace meses) de sus problemas actuales. El mundo es enteramente suyo, pero ya no vendrá nadie a ponérselo a sus pies.

AUSENCIA DE CULPA

Hay un momento en los conflictos del divorcio en que la persona se vuelve paranoica y es incapaz de aceptar que ella tiene la culpa de algo. No es que niegue sentirse responsable del fracaso, es que literalmente se cree que no es culpable de nada, incluso de los insultos, las roturas de objetos o las peleas delante de terceros. En tales situaciones las posibilidades de tranquilizar los ánimos son muy pequeñas, pues existe un bloqueo mental total para autoanalizarse. Si difícil es llegar a un entendimiento con una persona irritada, menos lo es con alguien que no admite ningún error en su comportamiento.

Estas personas están tan seguras de no ser culpables que, asociado con su carácter agresivo y con su megalomanía, exhibirá sus argumentos de inocencia con tal convicción que convencerá fácilmente a sus conocidos, vecinos y hasta a la policía, cuanto más al juez que lleve su caso de separación.

CAPÍTULO 4

SUFRIDOS HIJOS

VÍCTIMAS DE UN DIVORCIO

En un estudio realizado en Latinoamérica se dice que, según las estadísticas, de cada tres parejas una se divorcia, llegando a la conclusión de que la causa estriba en que nuestra sociedad ha anulado los principios éticos, morales y religiosos acerca del matrimonio. Lo habitual es que ahora los jóvenes que se casan ya no están seguros de que su pareja va a ser la definitiva y pactan una "cláusula emocional y privada" en la cual se dicen que si las cosas no marchan bien, maravillosamente bien, la mejor solución y la única es el divorcio.

Apenas hay una pareja de recién casados, o de futuros esposos, que no afirme frecuentemente que *"si no me va bien, me divorcio"*, especialmente desde que saben que muchos de los divorciados manifiestan lo felices y libres que se sienten ahora. En su mente ya existe una nueva pareja, pues están seguros que Dios, o el destino, les tiene reservado en algún lugar una persona mejor que la anterior. Esa creencia de que Dios o el buen karma les apoyarán de forma idónea en sus vidas es ciertamente una trampa emotiva muy seria, pues ya sabemos que el destino nos lo labramos nosotros. Ahora apenas hay nadie que siga opinando que el matrimonio es para toda la vida y si alguien mantiene esa posición será abiertamente criticado. Es más, podemos asegurar que en caso de conflicto de pareja habrá más personas a nuestro alrededor que nos aconsejen el divorcio, que quienes nos digan que la felicidad y la estabilidad de una pareja se debe trabajar día a día, sin desmayo.

Pero si solamente pensamos en el matrimonio que se separa nos olvidaremos de otro aspecto poco estudiado y es que también afecta a todos los integrantes de la familia, muy especialmente a los hijos; por eso no es prudente asegurar que ante el primer conflicto matrimonial la mejor opción es el divorcio, como una nueva oportunidad de alcanzar la felicidad. Nuestro deber, puesto que en la disolución quedan afectadas muchas personas, es pensar en el daño que vamos a hacer a tantas personas y, en consecuencia, luchar más por conservar la unión que por deshacerla.

"El juez estaba de mi parte, y por eso dijo que los hijos se quedaran con ella para aliviarme del penoso trabajo de tener que llevarles al cine y al parque".

TAN PEQUEÑOS Y TAN POCO CONSULTADOS

Una vez que ya hemos decidido irreversiblemente recurrir al divorcio, debemos ser conscientes de que los hijos pequeños, y frecuentemente los mayores, no aceptarán nuestras razones. Aunque se les diga reiteradamente que "esto es lo mejor para todos", ya sabemos que nos referimos a nosotros. Existen estudios psicológicos muy serios e imparciales que demuestran que los hijos de divorciados quedan afectados más intensamente y durante más tiempo que aquellos que viven en un hogar en donde los padres discuten frecuentemente. A los hijos les preocupan los hechos que se están dando en su familia, los cuales les están lastimando, y se sienten confundidos e inquietos por no poder visualizar su futuro como hacían antes. Aun así, lo peor es cuando se les obliga a decidir con cuál de los dos padres quieren vivir. Si hay un trauma horroroso para un niño pequeño es ese momento. Estas situaciones no se deberían dar nunca si los jueces, sistemáticamente, otorgaran la custodia compartida a ambos padres, con visitas diarias, pero todos sabemos qué clase de leyes inhumanas tenemos actualmente en este sentido. Se dice que el régimen de una visita cada quince días por parte de uno de los padres es lo "mejor para el hijo", algo que no hay nadie en su sano juicio que confirme esta postura. La ausencia de uno de los padres solamente ocasiona pérdidas (afectivas, de protección, de seguridad, de compañía) al niño, nunca beneficios.

Así, los hijos suelen ser el "botín de guerra" más disputado y contradictoriamente el más descuidado en la mayoría de sus necesidades. Obviamente, a esos hijos suele resultarles muy dificultoso discriminarse del conflicto de sus padres y a la vez poder mencionar sus propios deseos ajenos a los de sus padres, pues ello le supone siempre recibir mensajes cargados de rechazo y hasta de agresión.

En esta forma patológica de ruptura, los hijos se ven compulsivamente obligados a establecer (a veces a modo defensivo, otras a pesar suyo) alejamientos y/o alianzas de tipo incondicional y/o definitivas con uno u otro padre, y en ciertas familias, hasta con sus propios hermanos, porque pertenecen al "bando contrario", lo que les produce serios conflictos de lealtad, pues se dan cuenta que amar, apoyar, recibir gratificaciones, y hasta parecerse físicamente a uno de los dos, es "traicionar" al otro.

Los hijos de estos padres en guerra, ya sea por el lugar elegido para vivir, por las cuotas alimentarias, los bienes materiales, las decisiones, las vacaciones, etc., transitan cotidianamente un "terreno minado", por lo que viven temerosos, desconfiados y en guardia, tratando de asegurarse los afectos de ambos padres. Y puesto que su madurez en la vida es inferior a la de sus progenitores, esto les genera diferentes alteraciones, confusión y un paulatino empobrecimiento de la visión que tienen de sí mismos (autoestima), motor fundamental para una buena calidad de vida.

En esa búsqueda incesante de mecanismos para "liberar" y "apartar" a los padres del conflicto, algunos se transforman ellos mismos en el foco, presentando síntomas. A veces mediante sobreadaptaciones, otras a través de desadaptaciones sociales, escolares, institucionales, etc., tratando imperiosamente y con la máxima exigencia de ser, aun a su propia costa, árbitros y mediadores de esta dolorosa disputa conyugal. Con el tiempo encontramos que esos niños, o ya adolescentes, finalmente han tomado partido, o siguen mostrando conflictos de lealtad, en los cuales la situación de angustia asoma en una u otra área de su personalidad.

Como enunciáramos antes, cuando el conflicto se eterniza y ambos padres en litigio "guerrean" por la tenencia de los hijos, luego por el destino de los bienes, van sumando cada día nuevas argumentaciones que se ampliarán casi de por vida a otros aspectos, pues siempre hay algo más por lo que pelear. Con el paso de los años, los hijos alcanzan la mayoría de edad, pero siguen relacionándose con los padres en medio de batallas eternas, especialmente cuando ambos padres han establecido nuevos hogares y ya tienen otros hijos.

Si los jueces de familia y los abogados hubieran interrogado a más niños y con mayor frecuencia, olvidándose un poco de los adultos, sabrían ya con certeza qué quieren los niños y podrían legislar con mayor precisión. Los niños piensan que ellos son en cierto modo culpables de lo que está ocurriendo, que sus padres (o al menos uno de ellos) ya no les quieren, que son poco importantes para ellos al no tenerles en cuenta y ser conscientes del daño que les están haciendo para solucionar un problema que no es suyo. Pronto, e incluso antes de la separación, se convierten en un objeto más por el que discutir y que es manipulado para hacer daño al otro. Cuando la custodia debe decidirse nadie habla a favor del niño y su necesidad de ambos padres, pues los dos pleitean y discuten para llevárselo consigo e impedir que el otro padre le visite tantas veces como el niño quiera.

Con el tiempo dicen que las heridas cicatrizan y que los hijos son los que primeros se recuperan, pero todos sabemos que no es así. En ellos alberga ya el miedo al futuro, la hostilidad al matrimonio, la inseguridad, el rencor por lo que han tenido que vivir, la sensación de sentirse diferentes a otros, por lo que si decide formar un hogar tendrá en la mente desde el primer día la posibilidad del divorcio. Los padres entregaremos a nuestros hijos la idea del matrimonio como una bendición o maldición, según como haya transcurrido nuestra unión.

Parece ser que nadie tiene en cuenta que los hijos tienen que compaginar sus propios conflictos con la crisis de sus padres y cuando en el divorcio está en marcha, en lugar de permanecer al margen se sienten como elementos de venganza; son manipulados, ignorados como personas y reducidos a la calidad de objetos. Por su fuera poco, y como los padres están sumidos en una intensa alteración emocional que les desequilibra, los hijos ni siquiera pueden confiarles sus ansiedades y temores.

La mejor solución, si este es su caso, es que ninguno de los dos prive al niño del cariño, tiempo y comprensión de sus dos padres, y en lo posible evite que el ritmo de vida del niño cambie significativamente, y en esto se incluye la compañía diaria.

Analizando el sufrimiento de los niños

Una vez admitido que el divorcio es un acontecimiento doloroso para los niños y que repercutirá de una u otra forma en su desarrollo, deberemos procurar que logren superar este evento, aunque casi nunca la ayuda de un psicólogo puede suplir la pérdida de uno de sus padres y la rutina familiar que tenía.

La primera consecuencia es la sensación de desamparo por la pérdida parcial de uno de sus padres, pues cada uno le aportaba beneficios en su vida y carácter. Pronto se da cuenta que no solamente vive con uno solo de sus padres, sino que quien tiene la custodia pasará menos horas a su lado, pues ahora el peso del hogar no compartido le obliga a ello. Por ello, el custodio estará deprimido, aturdido, preocupado por la enorme responsabilidad que súbitamente ha asumido, sin saber si encontrará algún momento para pensar en sus propios problemas. Esto le ocasionará una situación poco favorable para ayudar adecuadamente a sus hijos, lo que generará en el niño confusión, angustia, tristeza y enojo contra uno de los padres o contra ambos. Si tenemos que comparar ese momento, veremos que es similar a la muerte de un familiar próximo.

Hay algunos factores que determinan el mayor o menor sufrimiento del niño:

La edad y nivel de autosuficiencia antes del divorcio.

Paradójicamente, cuanto menor es el niño mejor se recupera, lo mismo que cuando muere uno de sus padres. Si ha mantenido sus aficiones privadas, sus horas libres al margen de los padres y posee su mundo particular, le afectará bastante menos.

El ambiente familiar de su entorno, el colegio y la vecindad.

Si la familia se enfrenta a los cónyuges o, pero aún, si lo hace hacia uno de ellos (algo sumamente frecuente), las posibilidades de que el pequeño encuentre horas de paz serán pocas. También es importante que se hable de ello en el colegio para que allí le cuiden, lo mismo que los vecinos.

Los esfuerzos y la capacidad de los padres para mantener al niño fuera de las peleas.

Esta postura tan ideal parece casi imposible de mantener, por buenas intenciones que se tengan. Si resulta imposible evitar las peleas y los insultos, debería encontrarse el modo de que algún familiar cuide al niño el mayor tiempo posible.

Características del padre que no tenga la custodia.

Suele ser el más perjudicado afectivamente y si el pequeño está muy ligado a él soportará mal su ausencia.

El apoyo de otros miembros de la familia, de uno y del otro, y los amigos cercanos.

El niño necesita alguien con quien hablar que no sea sus padres, aunque se debe evitar que estos familiares critiquen al supuestamente culpable.

Los padres solamente podrán tranquilizarle sobre su pesimista futuro, pero posiblemente sean las personas menos adecuadas para que se desahogue con ellos.

La llegada de un nuevo cónyuge.

La presencia de una nueva pareja, que hará las veces de padre o de madre, supone un choque emocional sumamente intenso. En la medida de lo posible este cambio debe introducirse de manera paulatina, pero sin apartarle de la presencia cotidiana de su progenitor real.

El cambio de su lugar de residencia o de su rutina diaria.

La ruptura de sus horas de comida, ocio y estudio, así como la pérdida de su sitio habitual para dormir y vivir, suelen ser factores altamente estresantes para el niño. En la medida en que sea posible, debe continuar pasando la mayor parte del día en su domicilio habitual.

CÓMO AFECTA AL HIJO EL DIVORCIO, SEGÚN SU EDAD

Además de los condicionantes anteriores, las estadísticas demuestran que hay una patología psíquica diferente según la edad del niño. De cualquier modo, y aunque hay quien siga manteniendo que el divorcio no es muy perjudicial para los hijos, no se conoce ningún beneficio y solamente se encuentran problemas que el niño deberá superar algún día, o nunca.

2,5–5 años
Hay trastornos del sueño, irritabilidad contra los padres y las personas mayores, angustia, necesidad de ser abrazado, poco deseo de jugar, temor intenso a verse abandonado y solo.

5-8 años
Tristeza manifiesta, sollozos en solitario y cuando vuelve a ver a sus padres discutir, sentimientos de ser rechazado por ellos o no ser atendido. Nostalgia por el padre que se va, fantasías de retorno de este padre ausente creyendo que eso será posible algún día. Posible disminución del rendimiento escolar.

9-12 años

Renuncia a comentar su problema. Intensa ira contra uno o ambos padres, sin que sirvan para nada los esfuerzos para demostrarle cariño. Descenso del rendimiento escolar. Deterioro de las relaciones con los compañeros, especialmente con aquellos que se muestran muy afectuosos y dependientes de sus padres. Pérdida de la relación con uno de sus padres, pues es fácilmente captado como aliado por el otro.

Adolescencia

Hostilidad hacia uno o ambos padres por no haberle permitido tener una infancia normal y feliz. Depresión, ausentismo escolar, en ocasiones abuso de alcohol y drogas, intentos de suicidio en solitario.

OTROS MIEMBROS DE LA FAMILIA

Hermanos

Salvo que los recursos económicos de los padres sean abundantes, resulta muy difícil que en una familia numerosa se pueda dividir a sus cuatro hijos, dos con cada padre. De cualquier modo, no hay una solución menos mala. Si existe división, los hermanos pierden el contacto entre sí, y si todos los hijos permanecen en una misma casa, pierden el contacto al unísono con el progenitor que no tenga su custodia. Creer que todos los hijos de una familia están igual de ligados al padre que a la madre, es olvidar las grandes diferencias afectivas que existen en una misma familia.

Abuelos

Parece innecesario recordar que en cualquier familia hay cuatro abuelos y, por tanto, cuatro personas que sufrirán las consecuencias del divorcio. Las personas mayores, además, están muy ligadas a sus nietos y frecuentemente se ocupan de su cuidado y educación. La ruptura brusca, las hostilidades en la pareja y el sufrimiento que perciben en su familia les causará un daño moral y físico del que posiblemente ya no se puedan recuperar.

Primos, tíos

Posiblemente sean los menos perjudicados afectivamente y constituyen en ocasiones el refugio anímico para los niños de divorciados, pues con frecuencia son intermediarios válidos. Si no toman partido por ninguno de los cónyuges y, simplemente, se dedican a ayudar sin establecer juicios críticos, son un buen recurso para suavizar estas situaciones.

Tanto la separación como los preliminares de esta, son periodos vividos por el niño de forma bastante penosa, aunque influye mucho la edad del niño en la que aparecen las rupturas familiares. Las consecuencias de esta situación en niños de poca edad son bastante más traumáticas, ya que puede ocasionarles graves trastornos en su desarrollo, problemas de personalidad, de relación social... El niño necesita la figura de un padre y de una madre. Por eso muchos niños de padres separados buscan "sustitutos" en profesores, criadas o vecinos.

Los hijos más sensibles a las separaciones, dicen algunos autores, son los menores de 8 años, pero a cualquier edad encontraremos reacciones típicas. Los niños en edad preescolar no reconocen lo que ha pasado con la familia y tienden a responsabilizarse, volviéndose más irritables y dependientes de sus padres. Los de edad escolar se sienten solos y faltos de ayuda, manifestando un miedo intenso a lo que le ocurrirá, pues no sabe si tendrá a su lado a alguien que le proporcione la misma seguridad y bienestar que hasta ahora. La separación produce cuadros depresivos y deterioro del rendimiento escolar y de la relación con sus amigos, pero mantienen la ilusión de que sus padres volverán a unirse, pues antes se han reconciliado muchas veces. Si la separación de los padres es un proceso que no se plantea y resuelve simultáneamente, sino que abarca un periodo de tiempo más o menos largo en el que se gesta la crisis y se toman decisiones, el hijo o hijos de tales parejas viven inmersos en tal gestación y están presentes –de alguna manera, al menos- en la decisión que sobre ellos repercute. Ello le perjudica seriamente, pues vive en una zozobra e incertidumbre diaria. Tal fase está llena de contenidos emocionales que acarrean la toma de conciencia de una situación para ellos inexplicable e incomprensible en la que hijo no sabe lo que está sucediendo a su alrededor. Cuando se compara con otros compañeros de colegio, con sus familias aparentemente tranquilas, y en donde los padres intercambian piropos en lugar de insultos, su desazón aumenta todavía más.

PRE-DIVORCIO

Las fases por la que pasa el niño en el tiempo que precede al divorcio efectivo, son bastante significativas y suelen seguir el siguiente orden:

1. Una sensación de confusión porque la modificación del contexto familiar empieza a modificarse, al tiempo que se siente que "algo" se pierde, sin saber a ciencia cierta, qué es ese algo que se pierde.

2. Aunque en un principio trata de permanecer al margen y razonablemente indiferente, siente que está amenazada la

protección de ambos padres hacia él y la pertenencia al grupo familiar.

3. Emocionalmente el niño necesita captar en el grupo familiar un algo coherente, unido y fuerte, incluso en sus abuelos o tíos, justo lo que no encuentra en una familia que cambia y evoluciona hacia otras formas aún no suficiente-mente definidas para su mente infantil. El niño no tiene todavía una clara percepción de lo que se aproxima para él, pero siente que va a perder apoyo y respaldo, y eso a pesar de que sus padres le insisten en que "no te preocupes" y "nosotros te seguimos queriendo como antes".

4. La reacción del niño ante este conflicto se hace más

intensa cuando descubre lo insatisfactoria que es su vida familiar.

5. Poco a poco y aunque sus padres intentan tranquilizarle, se siente abandonado y con miedo a perder su hasta entonces vida tranquila, con su habitación y juguetes, el colegio y los amigos, sus ratos de ocio con sus padres... Desorientado, es frecuente que acuse ansiedad, angustia, depresiones, tristeza, sentimiento de amenaza y temor, buscando ya a su alrededor apoyo y necesidad de afecto, frecuentemente en sus compañeros de colegio o familiares directos. Incapaz de resolver por sí mismo los problemas, suele comenzar a encararse con sus padres para exigir la protección que anteriormente tenía.

6. A todo ello se le une un estado de carencia afectiva que coincide con el comienzo de sentirse sin protección. La repercusión sobre los niveles afectivos es más fuerte que en las situaciones normales. Los propios conflictos de los padres desencadenan unas actitudes en ellos que los empujan a buscar en los propios hijos compensaciones que les obligan a "pedir" en vez de "dar".

7. Esta carencia afectiva de uso habitual en el análisis de la conducta humana, adquiere aquí una especial dimensión: hay déficit no porque no existan los padres, sino porque los padres realmente existen, pero emocionalmente distantes, no están en condiciones de dar al hijo lo que necesita afectiva y emocionalmente. La raíz de tales carencias no la capta el hijo, pero no por ello se puede defender de tal amenaza.

8. Tal carencia afectiva admite una diferencia cualitativa ya que no significa lo mismo en la escala emocional de cada etapa evolutiva perder el afecto de la madre –fundamental en las primeras fases y en toda la primera infancia– que perder el apoyo afectivo.

9. La carencia de afecto paterno provoca desajustes en la necesaria integración de la comunicación y los sentimientos de seguridad que vienen estructurados a través de adecuada relación con la figura paterna. Si el padre está básicamente amenazado por sus conflictos, el sentimiento de seguridad del hijo queda afectado de manera indirecta.

10. La carencia de amor materno engendra en el hijo una enorme gama de repercusiones que han sido amplia y profundamente estudiadas por todos los psicólogos de la infancia. Lo que fundamentalmente queda amenazado en tal situación es la confianza básica, sentimiento fundamental para la conquista de la madurez de la personalidad. Esta confianza es la base imprescindible para la aparición de la ternura, el amor y la capacidad de dar. El hijo que quede amenazado en estos niveles, estará amenazado de manera irreversible.

LA APARICIÓN DE LOS TRASTORNOS

Las repercusiones de la ruptura hogareña no se valoran en su justa medida, pues casi siempre aparecen de forma tardía y de forma poco clara y evidente. Lo más frecuente es que los trastornos empiecen a manifestarse sin una aparente conexión con el problema que viven, lo que indica la angustiada situación que padecen.

Trastornos inmediatos

Lo primero que se percibe es un mayor aislamiento del niño con respecto a sus padres, en un intento de consolidar y aferrarse a su vida cotidiana. Su interés se centra en impedir que alguien le altere sus costumbres y seguridad, siendo frecuente que se encierre en su cuarto cuando las disputas comienzan de nuevo. En ese momento todavía conserva la esperanza de que todo vuelva a la normalidad, que la reconciliación paterna comience de nuevo, y que nada haya cambiado. No obstante, comienza a concentrarse más en sus juegos que en sus estudios.

Trastornos posteriores

Aunque la separación ya es un hecho, el niño ha comenzando a adaptarse a las nuevas circunstancias y consecuencias que le hacen creer que la vida no es tan dura como había pensado. Sin embargo, en ese momento es cuando la realidad se le hace más patente, se da cuenta que sus padres ya no estarán nunca juntos y que su vida anterior ha desaparecido. Los contactos con sus amigos y familiares confirman sus conclusiones, se siente diferente y es el momento en el cual sus trastornos ocultos anteriores saldrán a relucir.

Podemos destacar también los problemas de **adaptación** a las nuevas circunstancias, tratando de estabilizar cuanto antes su vida; alteraciones en la **personalidad** ocasionadas esencialmente por la inseguridad, con ciertos grados de rebeldía, así como el fenómeno de **reactividad,** intentando encontrar nuevos ambientes que le suplan sus carencias y necesidades básicas desde el punto de vista psíquico. Por último, las más frecuentes son las repercusiones sobre la **afectividad,** desorientado por tener que otorgar su cariño de un modo totalmente calculado y en unos horarios desiguales. Ahora ya nunca recibirá simultáneamente el afecto y cuidado de sus padres, y ni siquiera podrá hablar de sus problemas en el mismo momento y lugar. Hoy con uno, mañana con otro, y eso cuando el juez no es quien decide el cuándo y el dónde del intercambio afectivo.

El perfil que se dará a continuación del niño de padres separados queremos que sirva para identificar a estos niños, saber porqué tienen determinadas conductas. Si sabemos qué les pasa podemos ayudarlos.

EL CAMBIO DE CARÁCTER

- Suelen presentar inseguridad y recelo, pues no están seguros que ahora su vida se estabilizará. Las visitas programadas, los nuevos enfrentamientos de sus distanciados padres, el pago de pensiones alimentarias, y las críticas por el presente y futuro del hijo, ocasionan que hasta el nuevo entorno se vea amenazado. Los niños pierden confianza en sus padres y en los adultos en general, pues todas las buenas promesas de una vida tranquila, afectuosa y cómoda se están esfumando.

A veces los padres evitan criticar a su ex, e incluso le dicen que es buena persona, pero eso inquiere una pregunta inmediata: "Si era tan bueno, ¿por qué os habéis separado?" Las respuestas obviamente no satisfacen y el niño comienza a valorar quizá negativamente a sus padres.

- A veces el niño ignora el problema, e incluso habla como si no ocurriera nada en su casa o no le afectara. Los mayores se atreven a bromear con sus amigos y comentan algo parecido a lo que decía Woody Allen: *"Mis padres nunca se divorciaron, y eso que les pedí insistentemente que lo hicieran"*. Otros alegan que así es mejor, que ahora tienen dos casas y muchos más juguetes; quizá porque repiten las frases que han oído antes de la separación. Esta filosofía puede ser válida si es cierta y no solamente una postura de evasión.

- En ocasiones añoran al progenitor ausente, deseando en ese momento estar con él.

- Suelen tener mucho miedo a quedarse solos, pues ahora dependen en el hogar de una sola persona. Si uno se marchó, es posible que lo haga el otro –piensan.

- Pueden tener celos de sus amigos, prefiriendo estar acompañados por aquellos que viven su misma situación.

- Cuando son mayores suelen llorar en solitario, pues les da vergüenza que alguien les vea. La depresión es un síntoma habitual en ellos.

- Pierden el apetito, aunque también lo utilizan para atraer la atención, postura muy habitual cuando la separación no es un hecho y necesitan que ambos padres se ocupen al unísono de él.

- La indisciplina es manifiesta, y saben de la debilidad de quien tiene la custodia. Cualquier reprimenda es contestada y suelen salir en defensa del padre ausente. Pronto perciben que pueden hacer lo que quieran sin que nadie les regañe, y hasta disfrutan sometiendo al cuidador a no pocas tensiones. La ausencia del padre se percibe por una mayor agresividad, mientras que la de la madre como cierta anarquía hogareña.

- Las familias, y especialmente los abuelos, intentan consolarles en cuanto pueden, otorgándoles caprichos y regalos de manera casi compulsiva. Su deseo de mitigar la pesadumbre del niño les lleva a veces a ser complacientes bajo el lema de: "pobrecillo...".

- Un hecho incuestionable es que la mayoría ya no rinden igual en el colegio, y los mayores incluso manifiestan querer dejar los estudios. Algunos insisten en que no se concentran (lo que indudablemente es cierto), y sus notas no suelen mejorar por la falta de un hogar único. Las visitas del fin de semana, con salida obligatoria con el padre no custodio, en un interminable deambular al cine, palomitas y perritos calientes, hace que ni siquiera pueda aprovechar esos días para repasar sus estudios.

- Aunque dada la gran proliferación de hijos de divorciados el problema se generaliza, lo cierto es que si ocurre a mitad del curso no quieren contar sus problemas a los compañeros, por lo que es frecuente que mientan.

- Los más serenos tampoco se libran de explotar en ocasiones, pues sus sentimientos doloridos necesitan salir periódicamente al exterior.

- Enfermedades como el asma, la enuresis, dermatitis y gastralgias, suelen agudizarse e incluso aunque hubieran quedado resueltas anteriormente.

- El niño que le falta uno de los dos padres por una separación suele buscar rápidamente un sustituto, bien sea en los abuelos o tíos, e incluso lo hace en alguno de sus compañeros. Los adolescentes, por ejemplo, suelen formar parte de pandillas o incluso buscar afanosamente un romance que les haga olvidar su problema. Para ellos, estas nuevas compañías les han "salvado la vida".

CÓMO CUIDAR A LOS HIJOS DESPUÉS DEL DIVORCIO

Si complicado es tomar la decisión antes del divorcio por considerar que los hijos siempre saldrán perjudicados, no menos problemático es resolver todos los trastornos que invariablemente se darán después, incluso en los años venideros y cuando todo parezca olvidado. Hay hijos que han mantenido el rencor hacia sus padres, o con más frecuencia hacia uno de ellos, durante toda su vida, por el daño que le han hecho a causa de su divorcio. Por ello es frecuente ver una hostilidad continuada durante el resto de la vida, llegando al punto en que se hace imposible la relación con los hijos afectados. Muchos padres abandonados por sus hijos en la vejez lo son solamente por haberse divorciado hace

treinta o cuarenta años antes. Nadie lo tiene fácil una vez efectuado el divorcio, pero los padres tampoco. Quien se haya quedado al cargo de los hijos -generalmente la madre, por decisión del juez y casi nunca de los propios padres-, deberá llevar en solitario todos los problemas económicos y educacionales, volcándose casi exclusivamente en ellos cuando son varios, privándose así de encauzar su vida personal.

El padre ausente tampoco lo tiene fácil, pues a los problemas económicos añadidos por ser quien tiene que mantener dos casas, no podrá tener por lo menos el consuelo de disfrutar diariamente de sus hijos, recompensa lógica a sus esfuerzos.

Y si los padres lo tienen difícil imagínense los hijos, especialmente aquellos que tienen entre 7 y 15 años, los más afectados, pues ya tienen la capacidad para juzgar lo que les ocurre a su alrededor, sienten en sí mismos las discrepancias y la falta de amor de sus padres, y les embarga un miedo atroz hacia su propio futuro. No sirven en este caso las actitudes de buena voluntad de la madre al decirle que ella cuidará perfectamente de él, pues sabe que "perfectamente" es una intención y no una realidad. El soporte que le daban sus dos padres juntos, trabajando y cuidándole al unísono, no lo podrá encontrar en uno solo.

Estas son algunas recomendaciones para aliviarles su pena y miedo:

Hay que repetirle que el cuidado de él sigue siendo cosas de ambos padres, aunque uno de ellos viva en otra casa.

Nunca hay que quitarle la esperanza que sus padres vuelvan a reconciliarse, aunque sepamos que esto ya no es posible. Ese sueño atenúa su angustia y el tiempo será quien decida si verdaderamente era un sueño o una realidad. Como en tantas otras cosas, es mejor alimentar falsas esperanzas en un niño que quitarle toda esperanza.

Hay que ser conscientes que los hijos admitirán de muy mal grado a las nuevas parejas de sus padres y mucho más si hay otros hijos por medio. Los negativismos, el mal carácter y la rebeldía, son solamente reacciones lógicas a una situación que desearían cambiar. Por ello somos nosotros los que debemos ser tolerantes y comprensivos, no al revés.

Los adolescentes suelen encajar mejor la disolución, básicamente porque para ellos no es una sorpresa y están cansados de soportar peleas, broncas, discusiones e insultos. Están ya en una edad en la cual necesitan cierta independencia y vida propia, por lo que los conflictos hogareños les impiden realizar sus ambiciones personales. La separación, si no les dificulta su vida privada y pueden contar con la misma libertad que antes, supone casi un alivio y, además, aceptan menos los sobornos de sus padres. Ellos deciden ya con quién vivirán y cuándo se efectuarán las visitas al padre ausente, suponiendo en muchos casos un soporte eficaz para ambos divorciados. No obstante, hay muchos jóvenes que entran precisamente en una espiral de violencia callejera, drogadicción, delincuencia o absentismo académico, precisamente por no existir en su hogar el control necesario hacia ellos. El hecho de tener que resolverse sus propios problemas personales en solitario, les obliga a unirse a personas no siempre recomendables, eligiendo casi siempre a los peores.

Lo que es un hecho es que sea cual sea la edad de los hijos, siempre tienen un período en sus vidas que se crían peor que los de padres unidos, pues un hogar conflictivo no es la mejor escuela de vida. Los estudios demuestran que los trastornos de la conducta en los niños comienzan mucho antes del divorcio de sus padres, ya que la intranquilidad y la inseguridad hacen presa de ellos en cuanto comienzan las disputas y se habla reiteradamente del divorcio.

Mantenerse juntos por el bien de los niños pequeños es razonable siempre y cuando exista un deseo de mejorar la relación de pareja, aunque esta buena intención se venga a bajo una y otra vez. Los niños, cuando ven de nuevo juntos a sus padres, recuperan en pocos días la sonrisa en sus caras, hasta que una nueva bronca les saca de su ensueño.

Una vez que la separación es un hecho, la ausencia de uno de los padres, generalmente el varón, provoca sensación de abandono y confusión al niño, aunque el otro cónyuge intente mitigar su desconcierto. Si comete el error de hablar mal de su padre, hará un daño aún mayor al niño, pues le contará cosas que él ignoraba y, todavía peor, que no son ciertas, pues no hay peor juicio que aquél que se realiza en ausencia del acusado.

El dolor de los padres por ver a sus hijos sufrir es muy intenso, y los intentos por hacer entrar en razones al cónyuge suelen ser infructuosos, pues ambos se creen víctimas y nunca culpables. Lo importante es guardar la entereza delante de los hijos y no convertirse en un mar de lágrimas en su presencia empleando su pequeño hombro para pedir ayuda. Indudablemente los esposos necesitan ayuda, pero deben buscarla en otras personas, no asumiendo el papel de infelices y exentos de toda culpa. Delante de los hijos solamente son necesarias las sonrisas, y el interés por sus pequeños problemas, olvidando en ese momento los personales.

No olviden que sus hijos intentarán por su parte reconciliarles y emplearán numerosas estratagemas para lograrlo, por lo que un poco de teatro no estará de más para hacerles ver que sus buenas intenciones tienen su recompensa.

Nunca hable mal de su padre o madre a un hijo, aunque tenga razones para ello. Si no puede hablar bien porque su rencor es tan alto que le resulta imposible, al menos no hable nada. Hay numerosos casos de hijos que se llevaban bien con sus padres divorciados, pero que poco a poco han cambiado de opinión por los comentarios destructivos de uno de ellos. Esta maldad es tan abundante que nos hace dudar del amor de muchos padres.

La adaptación del niño a las nuevas circunstancias, y en ocasiones al nuevo hogar, puede ser rápida si sus padres se muestran serenos y dejan de pelear, y pleitear, desde el momento mismo de la separación. Si, además, no se interrumpe la comunicación y el tema de conversación entre los antiguos esposos sigue centrado en el bienestar de los hijos, la recuperación es muy rápida para todos.

De todas maneras, lo habitual son los trastornos en el niño y estos comprenden: tristeza, falta de apetito, disminución del rendimiento escolar, deseos de aislamiento, pesadillas o rebeldía ante cualquier orden. Los adolescentes, por su parte, suelen mostrar resentimiento intenso hacia uno de los padres, en ocasiones a quien se hace cargo de su custodia, pues siempre buscan un único culpable de su desgracia. El padre objeto de esta hostilidad tendrá que soportar una vida de tristeza a causa de la hostilidad del hijo que está cuidando, además de sus problemas personales y económicos. Paradójicamente, el padre ausente suele gozar de gran estima por parte del hijo.

Soluciones para favorecer a los hijos

¿Hay que insistir en que resulta un comentario erróneo cuando aseguramos que: "Para el niño es mejor que sus padres se divorcien a que siga presenciando sus desavenencias"? Ello no quiere decir que un matrimonio deba seguir indefinidamente unido para no dañar a los hijos, pero es mejor aceptar las cosas como realmente son, y no justificar el divorcio "por el bien de los hijos". En aquí, algunas sugerencias:

- Mantener una relación sociable y amigable con su excónyuge.

- No someter a los hijos a numerosos cambios como resultado del divorcio. Los padres deben procurar mantener a sus hijos en la misma escuela y, si es posible, continuar viviendo en la misma casa.

- No discutir ni pelear con el ex-cónyuge delante de los hijos. Es el factor más importante relacionado con la manera en que los hijos se adaptan a vivir separados de sus padres.

- Es muy importante una disciplina no agobiante. Ambos padres deberían utilizar métodos para disciplinar que sean similares y apropiados para la edad del niño, esencialmente iguales a los que siempre tenía.

- No usar a los niños como mensajeros en la comunicación de los padres.

- Tampoco pedirles que hagan labor de espías con objeto de saber la vida de su ex-cónyuge. Las averiguaciones patrimoniales de unos y otros o las nuevas relaciones sentimentales, no deben consistir en utilizar al hijo como un noticiario televisivo.

- No hablar negativamente del padre o la madre delante de sus hijos, evitando hacerlo también cuando haya otros familiares presentes.

- Del mismo modo, es especialmente reprobable que se hable telefónicamente o por carta con la familia del cónyuge, intentando desprestigiarle. Hay quien se llena la boca diciendo cosas como: "Les voy a contar a tus amigos quién eres realmente y te voy a desprestigiar con tu familia y en tu trabajo" Las llamadas telefónicas anónimas e insultantes, así como las denuncias a Hacienda sobre el patrimonio del ex, son algunas de las artimañas más empleadas.

- Hay que establecer un régimen de visitas lo más cotidianamente posible, incluso aunque el juez haya dictado otras medidas menos razonables. Esta medida debe involucrar también a los abuelos.

- Si las relaciones no son cordiales (al principio será difícil que lo sean), hay que evitar culpabilizar al niño sobre el divorcio, ni criticarle porque siga amando al padre ausente y necesitando estar con él. Frases como, "Si quieres tanto a tu padre que te cuide él", son impropias.

- Alertar cuanto antes sobre cualquier manifestación de inestabilidad del niño (mojar la cama por la noche, comportamiento agresivo o irritable, demasiadas travesuras, bajo rendimiento en la escuela, falta de apetito, enfermedades…).

"Creo que el secreto entre una pareja es que a los dos les guste hacer las mismas cosas, no que un día sufra uno y al día siguiente el otro."

Woody Allen

CAPÍTULO 5

CUSTODIA
COMPARTIDA

Parece increíble, pero esta situación que es la más favorable no es de cumplimiento obligado por ley, algo sensato cuando estamos hablando de menores. Si con anterioridad al divorcio la ley exige severamente que ambos padres se responsabilicen del cuidado y mantenimiento (afectivo y económico) de sus hijos, parece una incongruencia que una vez divorciados no se les exija con la misma diligencia. El mantenimiento económico parece lo único que cuenta para los juristas y el cónyuge que se queda con los hijos, pero pocos hablan de la necesidad emotiva que tienen los hijos de estar con ambos padres diariamente.

VENTAJAS

Ambos padres ven su sufrimiento disminuido por no perder lo que más quieren. El hecho físico de tener que seguir cuidándoles diariamente les otorga aliciente a su vida.

Ninguno de los dos queda marginado, lo que implica un sentido justo de las leyes.

No hay peleas sobre los horarios, ni días de visitas, puesto que los derechos y obligaciones de cada uno quedan igual a cuando vivían juntos.

Ambos padres se equiparan en cuanto al tiempo libre y así pueden organizarse su vida personal y profesional. Al no tener uno solo de ellos toda la responsabilidad del cuidado, puede intentar con mayor facilidad una nueva vida afectiva y social.

Compartir lo que antes compartían les hace nuevamente humanos, casi miembros de una familia, y les hace solidarios con los problemas de sus hijos. Esto les puede llevar a menos enfrentamientos posteriores y a mantener cierta solidaridad por una causa común.

Mayor cooperación por el bienestar de los hijos, lo que se traduce en una mayor eficacia y satisfacción personal. Las hostilidades por la custodia de los progenitores no existen y con ello se evita un foco de tensión continuado.

Convivencia igualitaria con cada uno de los padres, lo que evita que un nuevo matrimonio pueda desplazar en el cuidado al padre que no tenga la custodia. Los hijos sienten que no han perdido a ninguno de los dos y beneficia su estado emotivo observar los esfuerzos de sus progenitores para estar cerca de ellos.

Cuando las nuevas uniones se materializan, la incorporación de hermanastros no añade problemas, puesto que supone el aumento de la familia, no el desplazamiento de la anterior.

La comunicación entre todos fomenta la concordia, y en situaciones en las cuales uno de los padres necesita tiempo libre por motivos personales o laborales, siempre contará con la colaboración del otro. No se recurrirá a ayudas externas para que atiendan a los hijos durante las ausencias, del mismo modo que tampoco se recurría cuando el matrimonio estaba unido.

Menos problemas en general. La cooperación en la custodia elimina problemas legales, económicos, afectivos y los hijos no se ven inmersos con tanta intensidad en un problema que puede durar hasta su mayoría de edad.

Buen modelo para los hijos. Los niños aprenden a que no siempre el matrimonio podrá ser eterno, pero al menos saben que con inteligencia y cordura los problemas a resolver mediante acuerdos en vez de litigios, serán beneficiosos para todos.

DESVENTAJAS

Ambos padres deben procurar para sus hijos casas debidamente acondicionadas, así como ropas y juguetes duplicados, aunque estas cuestiones como es obvio, no perjudican al niño.

Es necesario que los hogares estén próximos, salvo que duerman en casa de uno y coman en el del otro. También obliga que ambos padres tengan que realizar uno o más viajes al día hasta la otra casa, o el colegio, pero eso será, nuevamente, un problema para los padres.

Se necesita cierta flexibilidad o independencia laboral, pero esto se soluciona buscando acuerdos entre ambos padres, mientras que con el régimen de visitas es el juez quien decide.

Los hijos se tienen que adaptar diariamente o cotidianamente a dos casas y con frecuencia a dos familias. Cada hogar tiene sus hábitos, reglas, horarios y personas, lo que al principio obliga a cierta adaptación.

Hay ciertas cosas que el hijo no podrá disponer nada más que en una de las casas (por ejemplo, el ordenador), lo mismo que posiblemente deba llegarse a un acuerdo de dónde es mejor que realice la comida del mediodía o el baño. También habrá que acordar quién le lleva a la peluquería, al médico e incluso al parque de atracciones.

UN ARTÍCULO PUBLICADO EN UN PERIÓDICO MEJICANO

Bajo el enunciado "Patria potestad y tenencia compartida" -del cual mostramos un resumen- se reivindica   la misión y rol de los padres, el valor de su opinión conjunta para velar acerca del bien del hijo y el señalamiento del camino jurisprudencial para la resolución de las cuestiones vinculadas con el derecho de patria potestad y su ejercicio, cuando el ordenamiento nacional no se adecua a la contemplación del "superior interés del menor".

En el caso planteado, dos padres que se divorcian, convienen para sus hijos "la tenencia y guarda compartida", por considerarse ambos con idoneidad para velar por la protección y formación integral de sus hijos. Manifiestan ambos padres que ese régimen se ha probado exitosamente desde la separación de hecho e invocan, en sustento del mismo, las disposiciones de la Convención Internacional de los Derechos del Niño, ofreciendo informes del instituto escolar al que acuden los niños acerca del bienestar de éstos según el régimen propuesto de convivencia con ambas partes. La Sra. Jueza de Primera Instancia resuelve dictando el divorcio pero rechazando lo convenido respecto de la tenencia y guarda de los hijos, en razón de contraponerse con lo dispuesto que otorga la guarda de los hijos a la madre.

Esta resolución, que se nos antoja sexista, discriminatoria, y que vulnera los derechos de los padres sobre los hijos, otorgando a una persona ajena poderes irracionales, fue revocada y tuvo su respuesta por el Tribunal de Segunda Instancia de la capital mexicana:

El art. 264.CC pone en cabeza de ambos padres la titularidad y el ejercicio de la patria potestad y ello implica un juicio de valor respecto de ambos.

La ley privilegia el vínculo triádico padre-madre-hijo en lugar del diádico madre-hijo o padre-hijo, sin perjuicio de las eventuales adecuaciones que haya que realizar en los casos particulares.

La interpretación de la ley debe realizarse, en consecuencia, con el propósito que inspiró la elaboración de la misma.

La ley no prohíbe la tenencia conjunta, simplemente no la legisla, aunque la ausencia de normas no permite olvidar que los niños necesitan siempre a ambos padres.

Sólo justifica el rechazo de la propuesta de ambos padres, en cuanto a compartir responsabilidades y duplicar la atención respecto de los hijos, si tal acuerdo resultara perjudicial a éstos.

Los jueces deben operar considerando modificadas o derogadas las normas que vulneren, desconozcan, restrinjan o contradigan los derechos de la infancia, sin necesidad de que las mismas sean expresamente derogadas o reformadas.

La jurisprudencia consagra los convenios y tratados internacionales, entre ellos, la Convención de los Derechos del Niño, donde presta atención primordial al Superior Interés del Niño y esto bastaría, en el caso, para superar la barrera que impide que ambos padres puedan ejercer la custodia compartida que ellos mismos han decidido llevar a cabo.

Son los padres los que están en condiciones de establecer cuál es el mejor interés del hijo, cuando ambos están de acuerdo, ya que esto aporta ventajas: ambos se mantienen guardadores, ambos se equiparan en cuanto a organización de su tiempo y vida personal y profesional, los hijos mantienen la convivencia con cada uno, se les presentan menos problemas de lealtades y se elimina de este modo el padre periférico.

Sólo se justifica el rechazo de la propuesta de ambos padres, si tal acuerdo resultara perjudicial a todos.

Se ha comprobado que el progenitor que no tiene la guarda se muestra menos dispuesto al contacto con sus hijos a medida que transcurre el tiempo.

Si en la IX Conferencia Internacional Americana se expidió acerca de la igualdad de los derechos del hombre y la mujer y la no-discriminación entre los sexos, preferir a la madre en contra de la voluntad de ambos padres, produce entre éstos desbalance de poder.

La decisión de primera instancia es contraria a la voluntad de todos los integrantes de esa familia, que después de la sentencia, reestructuró en una mediación el régimen de convivencia, decidiendo la continuación del ejercicio compartido.

Lo resuelto no condice con los fallos de segunda instancia, en cuanto a evitar cambios en la situación de los menores para lograr su estabilidad, cuando esta situación conviene a éstos.

El proyecto de compartir responsabilidades paternas respecto del hijo excede el de elegir el lugar de residencia de éste. Después del divorcio, los padres deben redefinir los conceptos tradicionales de la familia y sus roles, reorganizándose para el futuro. La reconocida necesidad de estabilidad del menor deber ser definida más en términos relacionales que en términos geográficos y temporales.

Hoy en día es indudable que un niño necesita continuar el contacto que tenía cuando la familia estaba "intacta" con ambos padres. Esto lo garantiza la permanencia de los cuidados parentales y con ellos, el mejor cumplimiento de las funciones afectivas y formativas.

El padre es algo más que un mero rival con el que el sujeto compite por el amor de la madre. Es indudable el reconocimiento que efectúa el fallo del valor de los roles femenino y masculino después de la evolución de criterios sufrida por la legislación, la doctrina y la jurisprudencia nacional e internacional, que parte a principios de siglo XX desde el ejercicio de la patria potestad sólo en manos del padre, y que pasa luego a la madre en casos de separación o de divorcio.

El fallo atribuye importancia a la no-discriminación entre los sexos y a la equiparación de poderes expresando que otorgar la tenencia a uno sólo de los cónyuges, cuando ambos se reconocen el uno al otro con iguales capacidades para cuidar y ocuparse de sus hijos, es producir entre ellos un desbalance de poder.

Compartir la tenencia de los hijos después del divorcio es como mantener viva a la familia en lo referente a las redes intervinculares de resguardo que ella aporta a los niños. Implica madurez por parte de los padres al separar la conyugalidad de la parentalidad. Conlleva beneficios para hijos, madres y padres luego del divorcio.

ESTUDIOS COMPARATIVOS ENTRE AMBAS FORMAS DE CUSTODIA

Los siguientes estudios, en principio objetivos, demuestran los resultados prácticos y reales de la custodia compartida o monoparenteral

- La mayoría de los chicos con la custodia monoparenteral alegan no estar satisfechos con las horas y días de visita del padre ausente, mientras que la mayor parte de los que están bajo custodia compartida parecen razonablemente felices con esta forma de convivencia. La calidad de las relaciones entre ambos se muestra con el tiempo mejor, existiendo menos rencores que con otros sistemas. También se ha demostrado que cuando la custodia la tiene un progenitor, el padre ausente se termina convirtiendo poco más que en un tío lejano, una persona a quien se le besa al llegar o con quien se pasea durante unas horas.

- Otros estudios realizados en países diferentes de habla latina demostraron que después de dos años de divorcio los hijos bajo tenencia compartida poseían un ego y una autoestima mayor que los chicos bajo tenencia materna exclusiva. También se encontró que estos niños que compartían ambos padres estaban menos agresivos y eran menos impacientes que los otros, aunque cuando no superaban los cuatro años de edad las diferencias eran menores.

- También se demostró que los siete años de edad establecidos casi como norma para que los hijos queden al cuidado de las madres no era una edad correcta, y solamente se encontraron ventajas hasta los tres años de edad. Esta ventaja quedaba prácticamente anulada cuando el niño era cuidado la mayor parte del día en una guardería.

- Respecto a los padres con custodia compartida con hijos entre 4 y 10 años, ambos estaban más felices así que con la otra opción. Uno porque podía estar con sus hijos todos los días, y el otro porque no veía su vida esclavizada cuidando de sus hijos en solitario. Los hijos, por su parte, todos confesaron estar plenamente satisfechos con el tiempo que pasaban con cada uno de sus padres y sentían así a sus padres involucrados en su vida. También hay que destacar las mayores posibilidades laborales y de relación social que ambos padres pueden tener después de un divorcio con este tipo de custodia.

- Cuando se compararon 20 chicos bajo custodia compartida con 20 en custodia materna exclusiva, se demostró que: los chicos bajo tenencia compartida estaban incluso mejor adaptados a sus madres que los de custodia materna. Los mejores cambios al divorcio se encontraron en aquellos niños que estaban más tiempo con el padre, aun cuando habitasen de forma exclusiva la casa materna. Cuando más tiempo pasaron los niños bajo custodia exclusiva materna peor se adaptaron al divorcio.

- Otro estudio con niños de entre 5 a 13 años de edad con distintas custodias, demostró siempre que aquellos bajo custodia compartida eran iguales de felices que los demás niños de padres unidos.

- Finalmente, cuando se analizó el estrés emocional de los niños inmersos en las primeras fases de un divorcio, se encontró que tanto las chicas como los chicos en situaciones de tenencia materna exclusiva mantenían más hostilidad a ambos padres que los de custodia compartida.

¿TUYOS O NUESTROS?

En un análisis efectuado por el doctor Francisco David Castro sobre los problemas psíquicos que conlleva el divorcio, se afirma que una de las causas que más impulsa a tomar esa drástica decisión es la falta de comunicación entre los cónyuges. La razón es el mal entendido sentido de la independencia que nos transforma en seres egoístas, interesados en nuestros propios deseos y poco dados a comprender las necesidades de la pareja.

"Según las estadísticas, el número de separaciones y divorcios en el mundo occidental ha sufrido un lamentable incremento en los últimos años. Esto, amén de innumerables razones, indica el fracaso de una sociedad que está perdiendo su horizonte."

David reconoce, como casi todos, que los más perjudicados son los hijos, pues junto con el temor a su futuro está

109

la desilusión, la tristeza y la crítica precoz hacia el mundo del adulto. Con el tiempo reprochan a sus padres que no hayan sido capaces de solventar sus diferencias y mantener aquello que un día formaron, aquello en lo que un día creyeron y sobre lo que depositaron sus esperanzas e ilusiones.

Resulta paradójico que algunos jueces, a quienes se le llena la boca cuando hablan de los beneficios de los hijos, sean los causantes de que el proceso de divorcio se eternice, de que los hijos no vean apenas a uno de sus padres, y de condenar a ambos, o a uno solo, poco menos que a la ruina económica.

"Si lo realmente importante son ellos, los hijos, como suelen decir quienes se erigen en dueños/as, y señores/as de sus vidas, ¿por qué no preguntarles? ¿Por qué las decisiones las toman unilateralmente, pensando más en sí mismos/as que en sus hijos? Quizá porque si les consultasen, descubrirían que el niño quiere por igual a uno y otro, a su padre y a su madre... y eso no conviene."

Al lado de la pareja están los mayores causantes del dolor de esa familia disuelta: los abogados. Empeñados más que nada en "ganar el caso", en favorecer a su cliente aun a costa del sufrimiento del otro ("es mi cliente" –dicen-) y en atacar y perjudicar "al contrario" como si de un asesino se tratara, estas personas, empleando artimañas legales, consiguen quitar a uno de los cónyuges la casa, el dinero y, por supuesto, la custodia de los hijos. Y una vez que el juez ha dictado sentencia favorable para su cliente, se felicitan y le felicitan, pues, por fin, han conseguido lo que pretendían: destrozar al "enemigo".

La conclusión es que cuando verdaderamente existe amor hacia el hijo, y no pertenencia económica interesada, no queda más solución que llegar a un entendimiento entre los padres. La pareja está rota, pero el fruto del amor que unió a esa pareja está aquí, y ese debe ser el objetivo fundamental para los que dicen que aman. Su educación, su formación, va a depender de los dos por igual, a partes iguales, y no "educando" uno y "pagando" otro. Ambos deben compartir tiempo y experiencias con los hijos, conocimientos, continua y constantemente, sin visitas quincenales prefijadas por un juez, sin habituales cambios de domicilio, sino demostrando de verdad a los hijos y a su propia conciencia, que estos tienen unos padres con los que pueden contar. Unos padres que, aunque no vivan juntos, continúan demostrándose un mínimo afecto, responsables y conscientes de que ellos, sus hijos, son lo más importante de sus vidas, y que por ellos, por su bien, harán cualquier cosa, hasta convencerse de que esos hijos son obra de dos en lo bueno y en lo malo.

CAPÍTULO 6
PADRES Y MADRES

"Mi mujer me dijo que quería aumentar la familia, pero se refería a que quería involucrarse más sólidamente con su amante".

LAS MADRES MODERNAS

La tradicional ama de casa, dedicada por entero a su familia, organizando todo (incluso el dinero), lavando y fregando todos los días del año, sacando horas al sueño para zurcir los calcetines de sus hijos, haciendo el amor con su marido "para complacerle", y posteriormente viuda llena de recuerdos, ya no existe. En su lugar, y debatiéndose entre lo que sienten y lo que dicen sentir, entre sus aspiraciones personales y las de su familia, está ahora una mujer que sigue sin encontrar el papel que le haga plenamente feliz.

Las mujeres occidentales todavía no se sienten a gusto con las conquistas realizadas, pero siguen queriendo ser madres, aunque de uno o dos hijos, no más. Con sus expectativas feministas que le dicen que no deben apoyarse en ningún varón para ser felices, y su necesidad para ser independientes económicamente, se ven inmersas en no pocas contradicciones, sin saber ciertamente qué las hace verdaderamente felices. Indudablemente quieren ser madres, pero no dedicarse las 24 horas al día a sus hijos; quieren ser esposas, pero sin estar supeditadas a los deseos del marido; quieren un hogar, pero ejerciendo el control sobre el orden y la limpieza, esta última compartida con el cónyuge.

También quieren el control de la natalidad, pero compartiéndolo con el varón, aunque son conscientes que ellas disponen de más medios anticonceptivos que los hombres. Y si el embarazo indeseado llega, quieren disponer de su cuerpo para tener o no tener el hijo, lo que la lleva a no pocas hostilidades con su pareja, quien también se siente partícipe al 50%.

En el supuesto de no estar casadas quieren libertad sexual, pero necesitan que los hombres se comprometan con ellas, que no sean objetos de usar y tirar. Pero, como contrapartida, si deciden romper una relación quieren que sea de manera rápida, sin dramatismos.

LOS HOMBRES MODERNOS

Mejorando a pasos agigantados su papel como padres y esposos, los varones occidentales no se sienten ahora mejor en sus hogares que antes. Compartiendo gastos económicos, ayudando discretamente en las labores del hogar, cuidando su cuerpo casi tanto como la mujer, y siendo mejor padre que lo fueron nuestros antecesores, su felicidad, sin embargo, no acaba de llegar. Desorientado sobre dónde está el límite entre libertad e infidelidad, entre compartir los trabajos del hogar o ser simplemente un recluta a las órdenes de un sargento, y en su responsabilidad para tener una vida sexual satisfactoria, su vida amorosa es ahora objeto de no pocos disgustos.

Peleando con mujeres que demandan más que otorgan, con instituciones políticas y sociales que ayudan exclusivamente a la mujer, y aguantando programas de televisión en donde los hombres son objeto de críticas, cuando no de burla, el varón indudablemente está sumido en una encrucijada. Esto le conduce a que ahora, más que nunca, tarde muchos más años en casarse y que con frecuencia encuentre en el divorcio la única salida para volver a ser feliz. Sabedor de sus cambios positivos con respecto a la mujer actual, desea ser correspondido y que sean tenidos en cuenta sus deseos, con más complacencia que exigencias, con más ternura que imposiciones.

OPINIÓN DE UNA MUJER ANÓNIMA

"Creo que las mujeres somos algo contradictorias en cuanto a que, por una parte, queremos tener una independencia profesional y económica, y por otra, nuestros genes y sentimientos tradicionales –esposa, madre, ama de casa– entran en una seria contradicción y en un conflicto interno sin aparente solución.

Hablamos de libertades sexuales para nuestros hijos, pero los diferenciamos en la práctica según tengamos varones o hembras, inculcándoles los valores que consideramos tradicionales: prudencia y recato para las hijas, mientras que para los hijos somos más permisivas y les pedidos que no dejen embarazadas a las chicas y que tengan cuidado con las enfermedades sexuales. A ellos solamente les exigimos cuidado, pero a ellas les pedimos abstinencia, salvo que exista un amor serio."

"Queremos dar una imagen de mujer moderna, autosuficiente, pero seguimos exigiendo al varón que sea fuerte, valiente, que se preocupe de la familia y que nos proteja. Sin embargo, lo más conflictivo y sede de no pocas disputas, se refiere al trabajo compartido en el hogar en el cual las mujeres exigimos la misma responsabilidad, pero bajo nuestras normas sobre el cómo, el cuándo y el dónde. Si conseguimos que el trabajo del hogar sea compartido plenamente, ciertamente estará a nuestro gusto, pero no estoy tan segura que mi pareja opine lo mismo."

"Y respecto a las relaciones sexuales creo que existen muchos mitos que nos dicen que a los hombres siempre les apetece hacer el amor y a nosotras nos duele frecuentemente la cabeza. Esto es solamente un mito porque realmente los medios anticonceptivos nos han permitido manifestar nuestros deseos. Estoy convencida de que son los embarazos nuestro único freno. En la actualidad, con nuestra mentalidad más liberal, consideramos que las relaciones sexuales son una necesidad fisiológica y emotiva, aunque sigamos sin estar de acuerdo en la frecuencia y en ocasiones en el modo.

En la adolescencia se cree que el romanticismo previo es lo mejor de la relación de pareja, pero luego nos damos cuenta de que sexo, mente y espíritu, forman un grupo con el cual conseguimos la plenitud."

"Mi consejo a la mujer moderna es que siga utilizando la sutileza y otras armas femeninas empleadas a lo largo de la historia y que han sido capaces de parar no pocas batallas, para conseguir de sus parejas aquello que no deberían lograr con el enfrentamiento."

LA PATERNIDAD

Texto procedente de los Estados Unidos

Existe el inquietante hecho de que, con la excepción de los criminales convictos, ningún otro grupo social hoy tiene menos derechos que los padres, -no padres solteros, ni divorciados, sino simplemente padres-. Pero incluso los criminales tienen derecho a un proceso adecuado, a conocer los cargos que se les formulan, a un abogado y a un juicio. Un padre puede ser privado de sus hijos, su hogar y los ahorros de su vida, así como de su libertad, sin contar con ninguna de estas garantías constitucionales. Su delito, o su problema, o la causa para perder sus derechos más elementales, es haber estado casado con una mujer.

En ningún lugar como en la política judicial resulta más evidente la criminalización de la paternidad. Paradójicamente, esos mismos tribunales son los que lucharon por cambiar las leyes a favor de los derechos civiles de las mujeres, y en quienes hemos delgado el papel de guardianes de nuestros derechos constitucionales de individuos y minorías. No obstante, para los padres y las familias en general, la justicia no sólo ha fracasado en la protección de los derechos constitucionales, pues se ha convertido en el manipulador principal de los mismos, y para ello cuentan con un poder casi ilimitado.

Es aterrador e innegable que el brazo del Estado que llega con más profundidad a las vidas privadas de individuos y familias hoy por hoy es el juzgado de familia. Malcom X describió una vez a un juzgado de familia norteamericano como un "esclavista" (negrero) moderno, y más recientemente, West y Hewlett han escrito que "el proceso entero en casos de divorcio y custodia de hijos parece saltarse la mayor parte de las garantías constitucionales". La misma noción de "juzgado de familia" -ahora apoyada por un vasto ejército de asistentes sociales- debería alertarnos del peligro, pero sin embargo, lejos de poner a estas instituciones en observación, les damos virtualmente un poder total y sin control. Parecen tan inmunes a cualquier auditoria que Robert W. Page, Juez Presidente del Juzgado de Familia de la Corte Suprema de New Jersey, escribió que "el poder de los juzgados de familia es casi ilimitado."

Como sociedad, estamos permanentemente en peligro de olvidar lo que hemos aprendido, y creo que recordárnoslo es el papel adecuado y la responsabilidad de los docentes. En mi opinión lo que estamos presenciando hoy con respecto al divorcio puede ser la caza de brujas institucional más masiva de la historia de este país. Rara vez antes hemos visto a tal escala detenciones masivas sin juicio, sin cargos y sin asesoría legal, en tanto que los medios de comunicación social y los defensores de las libertades civiles miran hacia otro lado. Nunca antes hemos visto a funcionarios del gobierno meterse con tanta libertad en los hogares de ciudadanos particulares que han sido acusados de nada, simplemente por estar inmersos en un caso de divorcio y custodia de hijos. Con el riesgo de parecer alarmista, quiero señalar que no habíamos presenciado el uso habitual de los hijos contra los padres desde los días de los regímenes comunistas de Europa del Este y de la Alemania Nazi. Nunca antes hemos presenciado el robo sistemático de hijos reducido a una rutina burocrática y para revocar las separaciones forzadas entre hijos y padres en tal escala, debemos retrotraernos aún más atrás, antes del Comunismo y el Nazismo. Europa guarda un amargo recuerdo de esa época, pero los norteamericanos estamos haciendo igual, pero con la ley en la mano. De hecho, debemos retornar a los días de la esclavitud en América para identificar una época en que el poder del Estado se empleaba para romper familias a la fuerza, en una escala comparable a lo que sucede hoy día."

"Se hacen matrimonios pensando en llegar al cielo, pero solamente encontramos truenos y relámpagos".

CAPÍTULO 7
SENTIMIENTOS

UN TRAUMA QUE NUNCA HAY QUE MINIMIZAR

Ciertamente cuando una persona comenta su deseo de comenzar un proceso de divorcio, encontrará más personas que le impulsen a ello que opositores. Conocedores desde hace tiempo del sufrimiento y las quejas que esa persona lleva manifestándole, con rapidez le dirán esa frase mágica de: "me parece muy bien". Otras frases que también escuchará son: "Para seguir sufriendo es mejor que te separes", "Tienes derecho a rehacer tu vida cuanto antes", "Con una persona así no hay quien viva", "Si yo estuviera en tu lugar ya me habría divorciado." Y justo esta última recomendación es la más improcedente, puesto que esa persona que tan alegremente habla no está "en tu lugar."

Los taurinos dicen aquello de "qué bien se ven los toros desde la barrera" y aunque yo no sienta ningún interés por este espectáculo macabro, debo reconocer que han sabido definir con precisión la postura de los consejeros. Nadie debería aconsejar un divorcio a otras personas, puesto que desde el momento en que comience el largo proceso, legal y material, la tortura psicológica y los problemas que esa persona va a soportar serán enormes. El otro, el hábil y sagaz consejero, permanecerá tan tranquilo en su hogar, posiblemente pensando y razonando con los suyos lo afortunados que son por llevarse bien. Pondrán como ejemplo a su desdichado amigo que lleva unos meses peleando con abogados, jueces y cónyuge, y hasta es posible que se molesten cuando les llama reiteradamente por teléfono en demanda de consuelo.

Aconsejar a alguien que se divorcie es tan insensato como recomendar que se case, que deje ese insufrible trabajo, que se someta a una operación quirúrgica delicada o que se enfrente a un vecino violento. ¡Qué fácil es dar con-

123

sejos así! Pero puesto que quien debe afrontar el problema es el otro, al menos no le empujemos a ello y en su lugar, tratemos de encontrar un punto de concordia entre las partes en conflicto.

Decía Sigmund Freud -ese psicoanalista que tanto sabía sobre los traumas escondidos en nuestro cerebro-, que:

"Cuando una relación amorosa se rompe no es extraño ver surgir el odio en su lugar, circunstancia que nos da la impresión de una transformación del amor en odio. Cuando esto ocurre, el odio, que está realmente motivado por consideraciones de realidad, es reforzado por la regresión del amor a la fase sádica del desarrollo del ser humano."

Para entender algo mejor a este sabio investigador de la mente humana, podemos empezar por averiguar qué entendemos por **Amor**, considerando así el afecto o la inclinación a una persona o cosa. Por eso hay tantas clases de amor, entre ellas:

El **amor a Dios**, tan universal y extraño que no sabemos si es un aprendizaje o un sentimiento natural. Por amor a Dios la gente hace obras de caridad, sacrificios inmensos y son capaces de dedicar toda su vida solamente a ayudar al prójimo. Tan intenso es ese amor que cientos de personas se recluyen en lugares apartados durante toda su existencia y hasta hay quien desea morir cuanto antes para unirse con su dios. Otros, paradójicamente, matan a sus semejantes para que no ofendan a su dios, sacrifican animales para calmar su ira, y hasta elevan enormes y costosos templos que servirán como locutorio perfecto para comunicarse entre ambos.

La **pasión** que atrae un sexo hacia el otro, aunque para algunos no es amor, pues hay que amar el "interior" de las personas, dicen, no su físico; pero ya me dirán cómo podemos abrazar y besar el alma de las personas. Las mujeres se suelen quejar que "solamente queremos su cuerpo", pero deberíamos recordarles que el amor hacia una persona es el fruto de unir varias facetas, entre ellas su comportamiento, sus gustos, su forma de vestir, su lenguaje y, por supuesto, su aspecto físico.

Amante es una palabra que suena bien o muy mal, según quién la comente. Amante es quien ama, lo que nos parece bien, pero como ahora solemos referirnos casi exclusivamente a quien mantiene relaciones sentimentales con nuestro cónyuge, ya suena diferente. Cuando la prensa menciona que tal dúo de personas son amantes se refiere ya a una relación criticable, pero también se emplea cuando queremos asegurar que esa pareja "de amantes" ni siquiera tienen interés en consolidar su amor; si así fuera dejarían de ser amantes y se casarían. Para simplificar, puede decir que su mujer y usted se aman, pero nunca que son amantes.

Amor es también el esmero con que se trabaja en una obra deleitándose en ella y el cariño otorgado a cualquier cosa o persona, afición, imagen o filosofía. Esta clase de amor lo solemos expresar con alegría, sumisión, deseos de agradar o coleccionando cosas relacionadas, como ocurre con las aficiones o las imágenes de la divinidad. Cuando el amor se refiere a personas o animales, también empleamos caricias, requiebros, sonrisas y regalos, pues nuestra intención es contagiar a la persona amada de nuestra felicidad.

Pero con mucha frecuencia este amor nos causa **dolor**, pues no hay sensación más intensa que perder al objeto de nuestro amor. En ocasiones, o habitualmente, ese dolor se manifiesta solamente por miedo a perderlo, como cuando un hijo se marcha y tarda en volver más de lo habitual, o cuando vemos a nuestra pareja sonriendo a alguien a quien consideramos un competidor.

El amor **platónico** se refiere al amor del amante que no pasa de desear la posesión de la persona amada y el bien de ésta; y por extensión, de toda forma de amor en la cual no hay actividad en el amante para lograr el bien o la perfección de aquello que ama. También se dice de quien ama más el alma que el cuerpo de la persona amada, o de quien, amando incluso el cuerpo, solamente obtiene el alma.

Respecto al **amor propio** es aquel que una persona se profesa a sí misma, y especialmente a su prestigio. Casi siempre va seguido del afán de mejorar la propia actuación.

Al **amor fogoso,** de fuego, nos referimos cuando nuestras pasiones son voluptuosas, casi imparables.

Con **mil amores** o de mil amores quiere decir con mucho gusto, de muy buena voluntad.

Hablamos de **por amor de Dios**, como queriendo pedir gracia, clemencia o justicia.

Hacer el amor es una expresión que se puso de moda en los años 70, a propósito del movimiento mundial contra la guerra en el Vietnam y que tenía como slogan "Haz el amor y no la guerra". Ahora se refiere casi exclusivamente a realizar el acto sexual, con o sin amor sentimental.

Por amor al arte indica gratuitamente, sin obtener recompensa por el trabajo.

ODIO

Ya sabemos que del amor al odio hay un solo paso y que este se cruza con una rapidez inaudita, en cuestión de minutos. No sabemos cómo ello es posible, pero algo se mueve en nuestro interior bruscamente cuando la persona amada manifiesta no quererenos y mucho más intensamente cuando nos dice que ama a otra persona.

Estos son algunos matices sobre el sentimiento del odio:

Tener odio es mantener antipatía y aversión hacia alguna cosa o persona cuyo mal se desea. Siempre odiamos a quien nos ha hecho daño, pero el sentimiento es intenso cuando no esperábamos ese comportamiento y, mayor aún, si antes nosotros hemos sido buenos con esa persona. Cuando el odio nos invade todo el cuerpo hay repugnancia y deseos de devolver el daño.

Te odio es una frase que se dice frecuentemente, aunque realmente no es así y en realidad le estamos indicando que su comportamiento o palabras nos están haciendo daño.

Mereces que te odien no implica que nosotros sintamos así, aunque es un aviso de que en el futuro probablemente nos unamos a este sentimiento. Podríamos considerarlo como una advertencia para que esa persona rectifique su comportamiento.

Digno de odio se dice de quien contraría los designios o las presunciones que las leyes favorecen. También de quien hace uso y abuso de ciertos privilegios odiosos.

Hacerse odioso es un defecto que muchas personas llevan consigo, pues de no ser así no nos explicaríamos ciertos comportamientos. Suelen despertar antipatías frecuentemente.

Es odioso se refiere también a ciertos viajes largos, interminables, y en los cuales abundan las aventuras adversas y desfavorables al viajero. Por extensión, sucesión de peripecias, por lo general desagradables, que le ocurren a una persona.

Estos son algunos ejemplos sobre lo que hay en el interior de las personas divorciadas:

Suelen tener pocos síntomas externos del posible sufrimiento interior, controlando hasta cierto punto sus reacciones. Sin embargo, las úlceras duodenales, vértigos, insomnio y músculos agarrotados, delatan que la mente está terminando por minar al cuerpo.

Se manifiestan eufóricos, demasiado, en un intento de que se vea su falsa felicidad.

Hay personas que desean contar sus problemas conyugales a cualquier interlocutor que se ponga por delante, buscando desahogarse, demandando apoyo y causando desprestigio social a su pareja. En otros casos, al contrario, nos enteramos a última hora del proceso de divorcio.

Hay quien manifiesta desazón en su grupo familiar, pero intenta estar jovial cuando está rodeado de amigos o posibles amantes.

El **negativismo** aparece cuando en situaciones de divorcio se acusa una falta total de las responsabilidades propias o del deseo de mejorar la situación familiar. Esto lleva a la persona a abandonar el hogar, a los hijos, al histerismo y a refugiarse en las drogas o grupos marginales.

Los **prejuicios** generalizados hacia el otro sexo conducen casi siempre a una vigilancia exagerada sobre los peligros del exterior y también a almacenar en los recuerdos una colección de agravios y personas causantes. Si consideramos que el problema está en el otro sexo, globalmente, las posibilidades de alcanzar en poco tiempo la felicidad será prácticamente nula.

Almacenar en la mente durante años detalles y supuestos daños que su pareja le ha causado, imposibilitan la relajación de la mente. Puesto que en toda relación ha habido algo o algún momento bueno, es razonable concentrarse en ellos para no admitir que toda nuestra pasada vida ha sido un fracaso.

Las **fantasías** nos pueden llevar a un callejón sin salida al imaginar un mundo idílico tan alejado de la realidad o tan difícil de lograr que nos haga despreciar lo que tenemos alrededor. Las ensoñaciones sobre personas perfectas, amores puros o vida familiar paradisíaca, nos conducirán a la soledad y a comportamientos excéntricos. Estas personas evitarán, por tanto, una nueva vida íntima, en pareja o familia, ya que dan por supuesto que nada va a resultar como necesitan. Sin embargo, la diferencia entre las fantasías esquizoides y las normales estriba en que la persona enferma no lucha por conseguir ese mundo que sueña, y el otro va detrás de su mundo de fantasía.

La persona nerviosa suele acabar casi siempre convertido en un **hipocondríaco**, pero no solamente en el aspecto de su salud sino en cuanto a la vida en sí. Suele ver la vida desde un prisma tan negativo, especialmente las relaciones sentimentales, que cualquier nueva relación le da miedo y dice, simplemente que "no me quiero complicar la vida"; añadiendo: "con lo bien que vivo ahora".

La **autodestrucción** consiste en volverse contra uno mismo, en hacerse daño tanto físico como mental. El cortarse la melena después de un disgusto amoroso, negarse a comer, el abandono del aspecto externo, el cese de toda búsqueda de trabajo o arañarse la cara, son algunos ejemplos de desequilibrio nervioso que puede llevar incluso a la enfermedad psicosomática.

También es frecuente encontrar personas que **fingen,** que niegan sus problemas y sobre todo que niegan que les afecten. Como si fueran actores interpretan el papel que más les gusta y aunque estén profundamente enamorados

129

dicen "pasar" de la persona amada. Cuando algo les duele dice que no tiene importancia y hasta se ríen a carcajadas delante de la gente para demostrar que a ellos la vida de su pareja no les afecta en absoluto.

Hay quienes pagan sus culpas con terceras personas, por supuesto no causantes de su mal. Esto, como sabemos, convierte a los hijos en víctimas involuntarias de los problemas de los padres.

Otras **responsabilizan** siempre a sus parejas de sus males y esto les llevan a refugiarse con frecuencia en quienes ellos consideran sus salvadores, los que les van a dar sentido a su vida. Suelen ir en busca de alguien que les solucionen sus problemas, que les haga sentirse felices, en suma, que les den algo. Para ellos, su felicidad está siempre en manos de otros.

"Se debería estar siempre enamorado. Por esta razón uno no debe casarse nunca"

Oscar Wilde

SOBRE LOS MALOS TRATOS

Actualmente, el acoso y derribo al varón alcanza sus máximas cotas de injusticia y sexismo cuando oímos las numerosas denuncias sobre malos tratos psíquicos puestas por las mujeres en contra de sus parejas. Poco sabemos de las denuncias que los varones ponen por el mismo sentido, quizá porque no son noticia, quizá porque en los juzgados se archivan sin más.

Todo el mundo sabe, mucho más quienes lo han vivido, que cuando una pareja entra en desavenencias crónicas, cuando el amor tiempo ha que se perdió, y cuando la convivencia raya ya en el masoquismo, nadie efectúa piropos a su cónyuge. Cada conversación es un cruce de reproches, los dientes se enseñan tanto como se aprietan las mandíbulas, y si ese comentario no hace el suficiente daño ya se buscará otro que lo haga. De lo que se trata, en ese interminable periodo que media entre las hostilidades y el divorcio, es molestar y amargar la vida a la pareja tanto como se pueda.

Pero este comportamiento tan poco sensato es ejercido por igual por hombres y mujeres, cada uno empleando las armas que posee, unos con cinismo, otros con el silencio o la indiferencia, y los más con los gritos. Aquí no hay sexo que se salve, ya que en materia del desamor parece ser que ambos tenemos mucho que decir y sufrir.

El problema no es que las parejas discutan, sino que nadie parece intentar poner freno a tanta discusión, a tanto maltrato psicológico, tratando de hacer de mediadores en asuntos sentimentales, mejor que de carceleros. Los varones lo tienen difícil para ser escuchados, pues en España se tramitan mensualmente contra ellos más de 1.400 denuncias por malos tratos psíquicos, lo que nos lleva a dos conclusiones: o la mayoría de esas denuncias son falsas, producto solamente de la venganza o el despecho, o ellas no rompen un plato.

Y ha tenido que ser una mujer -una jueza, para más señas-, quien alertara del abuso por parte de las mujeres de las denuncias por malos tratos psíquicos, una argucia más en caso de separaciones, con el objeto de conseguir determinadas prebendas del marido. Estas denuncias, de prosperar (lo que parece ser resulta sumamente fácil), reportarán beneficios económicos a la mujer, un régimen de visitas sumamente restringido al marido, y libertad para meter cuanto antes en la que hasta hace poco era la vivienda del matrimonio, a otro hombre que se aprovechará sin rubor de tantos años de trabajo.

La jueza denuncia también a los programas televisivos del corazón, donde con toda impunidad las mujeres acusan a sus maridos de malos tratos psíquicos (siempre en ausencia de ellos del programa), especialmente si son famosos y esos comentarios pueden ocasionarle un daño serio en su trabajo. Los políticos "progresistas", a su vez, imprimen la lista de maltratadores para que sea publicada en los boletines estatales, llegando al recurso del más puro nazismo cuando se le exige al condenado llevar puesta una pulsera para controlar sus movimientos. Ni siquiera los delincuentes más feroces, ni mucho menos los terroristas más sangrientos, disponen de una pulsera similar cuando salen de la cárcel después de cumplir sus condenas.

Nuestra amiga la jueza (de quien desconocemos su nombre) insiste en la extraordinaria facilidad con la que se aplica el término maltrato entre quienes nunca lo han sufrido y la falta de escrúpulos de los abogados empeñados en "ganar el caso", aunque ello suponga destruir a un inocente. A estas alturas, afortunadamente, ya nadie duda que la mayoría de las denuncias por malos tratos psíquicos sean falsas, al menos desde que en uno de esos abominables programas televisivos una muchacha muy joven reconociese haber acusado en falso a su novio para quedarse en exclusiva con la custodia del bebé que tenían en común. Por desgracia, los medios de comunicación se nutren de las opiniones de vecinos resentidos, en absoluto imparciales, deseosos de contribuir al bochornoso morbo que les dará popularidad por unos segundos.

Nadie que viva o haya vivido en pareja podrá asegurar que entre ellos nunca se ha cruzado una palabra más alta que la otra, o que los enfados se hayan resuelto con el mutismo, la indiferencia o con el ¡ahí te quedas! durante un tiempo indefinido. La mayoría de las veces todo se soluciona con un nuevo beso y abrazo, tan intenso que parece que es el primero de nuestra vida, siempre y cuando uno de los dos no haya acudido antes a "su abogado" para imponer una denuncia por malos tratos psíquicos.

Otras voces de juristas hablan también de desproporción entre las agresiones en el hogar, según se trate de la pareja o no. Por ejemplo, y según una jueza del Juzgado de lo Penal, un simple empujón al cónyuge femenino puede considerarse maltrato y por tanto un delito, mientras que si se realiza contra otra mujer (hermana, madre, etc.), solamente se considera falta. Esta misma jueza insiste en que las penas que se aplican a los maltratadores son desproporcionadas al daño causado, de tal modo que puede salir igualmente sancionado alguien que pega una paliza a su cónyuge que aquel que la insulta. Finalmente, describe que las sanciones contra los agresores suelen estar poco reflexionadas y en ocasiones espolean al varón al todo o nada, dejándole en un callejón sin salida en el cual solamente ve la violencia como válvula de escape.

La ley debe castigar con dureza determinadas conductas acaecidas en el seno del hogar, por considerarse que pueden quedar ocultas si la víctima no hace uso de las leyes para protegerla. Esta indefensión, sin embargo, es mayor en los ancianos, niños y disminuidos (psíquicos en especial), por cuanto su capacidad para demandar ayuda y protección son mínimas, sea por su edad o condición social. Los agravantes de abuso de autoridad o poder están perfectamente contemplados en el código penal de todos los países occidentales, por lo que legislar de nuevo exclusivamente para las mujeres, es innecesario. Además, si solamente tratamos de legislar en favor de un sexo, ¿qué haremos en caso de malos tratos ejercidos de varón a varón, justo ahora que se ha aprobado la posibilidad del matrimonio gay? ¿Y los matrimonios de lesbianas? Si la agresión es de mujer a mujer, sin mediar un varón ¿la ley castigará a la agresora con la misma intensidad que si fuera un hombre?

Un problema añadido es el de las denuncias falsas o exageradas, a lo que debemos sumar el derecho a la presunción de inocencia, pero sabemos que la actual caza al varón hace que su palabra tenga menos relevancia que las acusaciones de la mujer. La escasez de pruebas de la pretendida víctima, salvo que sean notoriamente físicas, hace que muchos jueces otorguen por válidas las acusaciones sin indagar con el necesario esmero su autenticidad.

No menos importante es el primer estudio realizado por el Consejo General del Poder Judicial en el cual se señala que en 2003 fueron denunciadas 2.600 mujeres por malos tratos físicos hacia los hombres, pero esto es solamente la punta del iceberg. Cuando un maltratado herido acude a urgencias suele decir: "Me he caído", pues su vergüenza le impide decir la verdad, pues la sociedad machista le impulsa a ocultar la agresión. Una abogada miembro de la Asociación de Mujeres Juristas insiste: *"Ellos temen ser tratados como calzonazos, incluso por la propia policía. Aunque las mujeres se sienten más libres para denunciar los malos tratos, al hombre le queda todavía un largo camino que recorrer. En un caso que tuve me costó un triunfo convencer a mi cliente que estaba siendo maltratado. Incluso cuando ella le golpeó en la cabeza con una plancha, él se echaba la culpa".*

Los políticos, por su parte, están contribuyendo más que nadie a las discordias entre las parejas, sacando leyes en lugar de consejos, amenazando con castigos en lugar de aportar soluciones. Un ejemplo de ello son esos anuncios en los cuales se ve una mujer golpeada por su pareja, mientras su pequeño hijo la abraza. La imagen que da a las personas no formadas sobre los hombres en general es infame, pues ahí se acusa a los varones, no a uno en concreto.

VIOLENCIA PREDIVORCIO

Los últimos informes demuestran que ahora también los hombres comienzan a denunciar los casos de agresiones hacia ellos por parte de las mujeres, lo que indica que el comienzo de una nueva paranoia legal se avecina. Desde ahora, cualquier pareja que tenga una discusión, fuerte o suave, con uso violento de la palabra o las manos, sentirá el impulso irrefrenable de acudir a denunciarlo en la comisaría. Todo el mundo parece contento con ello, especialmente los abogados, pues tendrán mucho más trabajo. Nadie trata de apaciguar los ánimos y buscar soluciones distintas para los conflictos hogareños, pues de lo que se trata es de salir en los periódicos o cadenas de televisión.

En situaciones de aumento de la violencia en otros sectores, como es el juvenil o político, siempre salen personas sensatas que hacen un llamamiento a la concordia y al sentido común, más que al ojo por ojo. Estas personas dicen una y otra vez que la violencia hay que solucionarla con el diálogo y todo el mundo está de acuerdo, y que debe impedirse la incitación a la violencia hacia las partes en conflicto. Pero en los asuntos de pareja nadie llama a la concordia y solamente se reclaman leyes y penas más duras.

Todos sabemos que el maltrato físico y psíquico a las personas existe, por parte de hombres y de mujeres, a los hijos y los ancianos en particular, y entre los cónyuges. Nosotros no podemos reclamar la pena de cárcel y el destierro para todos, pues así pocas familias podrían recuperarse después de una pelea. Lo que demandamos es una educación distinta desde las escuelas, en los medios de difusión, en los programas de televisión y a través de los discursos políticos. Solamente con una educación que hable de personas y menos de sexos, en cuanto al derecho a ser feliz y trabajar, podrá poco a poco reconducir a la sociedad y que en los hogares renazca la concordia y con el tiempo el amor.

La vida de casados es muy frustrante. En el primer año de matrimonio, el hombre habla y la mujer escucha. En el segundo año, la mujer habla y el hombre escucha. En el tercer año, los dos hablan y los vecinos escuchan.

Anónimo

EL HEMBRISMO DOMINANTE

De tanto hablar de machismo, nos hemos olvidado de su homólogo el hembrismo, entendiendo como tal aquella postura de muchas mujeres empeñadas en menospreciar, ridiculizar y criticar cualquier atributo o peculiaridad del varón. Junto a esta generalizada postura, el nuevo feminismo ya no lucha por la igualdad de derechos y obligaciones entre ambos sexos, sino por la instauración de la ilegal "discriminación positiva", lo que supone un contrasentido incluso gramatical, pues discriminar supone establecer diferencias a favor de algo o alguien, y esto siempre ocasiona un aspecto negativo en el otro sentido.

Los políticos del mundo entero, presionados por grupos de mujeres muy poderosas, están elaborando rápidamente leyes que permitan mejorar la situación laboral y social de las mujeres en general, aunque ello suponga que el varón deba sentirse discriminado. No hay una sola Constitución mundial que contemple esta posibilidad, pues la Carta Magna siempre se redacta precisamente para impedir cualquier posibilidad discriminatoria, pero indudablemente los políticos necesitan votos a cualquier precio y el cabeza de turco siempre es el varón.

Una sociedad se denomina machista cuando prevalecen las voluntades y designios del varón, y puesto que el término hembrismo ni siquiera está admitido en el diccionario, se emplea el de matriarcado para hablar de sociedades regidas por mujeres. Sin embargo, mientras la primera definición se contempla peyorativamente, la segunda es simplemente una opción política a estudiar.

Un ejemplo del equívoco es considerar la ablación del clítoris en las niñas una práctica machista, cuando no es así. Si tomamos como referencia al Senegal, veremos que esta ceremonia incruenta es efectuada en privado por las mujeres, pues ellas mismas desean diferenciarse de los varones en cuanto a su respuesta sexual. Indudablemente se encuentran apoyadas por los hombres de la tribu, pero también sabemos ahora que es una práctica opcional y no obligatoria. Si tuviéramos interés en repasar la historia de estos pueblos, encontraríamos que se instauró durante épocas de matriarcado, especialmente en momentos en que lo mortandad de los varones a causa de las luchas tribales era tan alta que ellas tomaban el control de los poblados. Cuando ello ocurría, la rivalidad de las hembras para aparearse con los pocos varones disponibles era tan alta y frecuente, que las mismas mujeres decidieron extirpar el clítoris a las niñas mayores de cinco años con el fin de evitar el impulso sexual.

CAPÍTULO 8

UN POCO DE HUMOR

NO NOS VIENE MAL

PARA LAS MUJERES

No se corte el pelo después del divorcio. Es la vida. Así tendrá su enemiga un lugar para agarrarla cuando se peleen.

Si hace una pregunta a su pareja de la que teme su respuesta, es posible que le respondan lo que no quiere oír.

A veces, hay hombres que no piensan en usted. Se trata de su marido.

Líbrese de su gato. Ya encontrará a algún varón que quiera ronronear encima de sus piernas.

Fútbol, tenis o cualquier otro deporte. Incite a su pareja a que practique el deporte más antiguo del mundo. ¿Debo indicarle cuál es?

No cambie con la Luna llena o las mareas, así le tendrá siempre prevenido.

Algo de su comportamiento seguro que le agrada a él; pero repítalo de vez en cuando.

Usted tiene bastante ropa, demasiados zapatos, pero debe esconderlos para que le regalen más.

Llorar es un chantaje, así que llore más y mejor, especialmente delante del juez.

Su ex-marido es un imbécil, pero acaba de encontrar una espléndida mujer que le adora.

Sigan coqueteando. Si no les miran los hombres ¿cómo pueden saber lo guapas que son?

Una gran fiesta entre hombre y mujer sale barata, pues ni siquiera se necesita ropa.

No traiga nunca a su marido a una entrevista de trabajo.

SÓLO PARA MUJERES

¿Por qué quieren los hombres casarse con vírgenes?
No pueden resistir las críticas.

¿Por qué es tan duro para las mujeres encontrar a hombres que sean sensibles, inteligentes y guapos?
Porque esos hombres ya tienen novias.

¿Cuál es la idea de un hombre sobre el sexo seguro?
Una cama vacía.

Si piensa que al corazón de un hombre se llega por el estómago es que está apuntando demasiado alto.

El trabajo de una mujer que nunca se hace es aquel que ella le pidió a su marido que hiciera.

La definición de un hombre con modales se percibe cuando sale del baño después de orinar.

Si tú le besas el primer día, eres una golfa.
Si no lo haces antes del primer mes, eres frígida.

Si le alabas, él piensa que eres falsa.
Si no lo haces, eres una ingrata.

Si estás de acuerdo con sus gustos, eres sumisa.
Si no lo haces, eres odiosa.

Si le visitas a menudo, piensa que estás desesperada por casarte.
Si no lo haces, piensa que no estás interesada en él.

Si te vistes atractiva, dice que eres una coqueta.
Si no lo haces, mira a todas las demás.

Si tienes celos, dice que eres posesiva.
Si te muestras indiferente, piensa que le engañas con otro.

Si intentas un romance rápido con él, dice que eres presa fácil.
Si te tomas tu tiempo, piensa que eres una frígida.

Si llegas tarde un minuto, dice que le faltas al respeto.
Si él llega tarde una hora, dice que debes ser más tolerante y menos impaciente.

Si visitas a un amigo, le estás engañando.
Si él visita a otra mujer, te dirá: "¡Oh! sólo somos amigos."

Si le besas de vez en cuando, dirá que eres demasiado tímida o estrecha.
Si le besas con pasión, se mosqueará.

Si hablas, siempre es demasiado.
Si escuchas, nunca le dices lo que necesita oír.

"Todo el mundo debe casarse; no es lícito sustraerse egoístamente a una calamidad mundial"

Moisés Saphir

PARA LOS VARONES

Su mujer no tiene porqué molestarse si usted tiene diariamente una conversación con sus compañeros en el bar, salvo que lo haga todos los días entre las 18.00 y las 24.00 horas.

Tenga personalidad; cuando discuta busque impropios nuevos y decisivos.

Emplee la regla del fuera de juego solamente en el fútbol, no cuando haga el amor.

Un ramo de flores lo arregla todo, pero no se olvide de incluir el anillo de diamantes.

Es normal que el 90% de las veces se despierte pensando en el sexo; eso ocurre si hace más de un año que no hace el amor.

Tres pares de zapatos son suficientes para la mayoría de los varones, pero al menos manténgalos limpios.

Hombres, ya no tenéis que limpiar más el retrete; en el bar es gratis.

Sea infiel y no se preocupe de su reputación; preocúpese de pasarlo bien.

La sabiduría se demuestra cumpliendo los 40 años y estando aún soltero.

Si su mujer le dice que la masturbación es saludable coja la indirecta.

Las mujeres que llevan Wonderbras lo demuestran bajo blusas escotadas y camisetas ajustadas, pero nos siguen llamando obscenos si ponemos nuestros ojos, en primer lugar, en sus pechos.

Las conversaciones telefónicas casi todas terminan antes de 30 segundos, salvo las de mi mujer con sus amigas.

Las personas desnudas en las películas casi todas son mujeres; las otras ni siquiera las veo.

No regale nunca a un vecino/a la obra "Sé infiel y no mires con quién"

Un piropo: no estás guapa, deslumbras.

Nunca podrá saber lo estúpida que es su pareja si no la deja en libertad.

ELLAS OPINAN, MEDIO EN BROMA, MEDIO EN SERIO, SOBRE LAS VENTAJAS DE SER MUJER

Nosotras nos podemos depilar las piernas sin pretender que lo hacemos para tener las piernas más aerodinámicas y mejorar nuestras marcas deportivas.

Podemos escuchar melodías románticas y lanzar suspiros sin que nadie sospeche de nuestra sexualidad.

Vamos al water juntas sin que nadie nos acuse de lesbianas.

Nos cambiamos la ropa juntas, incluso el sujetador, sin provocar recelos.

Cuando nos compramos un vibrador es para vivir emociones intensas. Cuando los hombres se compran una muñeca hinchable es porque están solos.

Podemos llevar zapatos con un tacón muy alto y eso nos hace más esbeltas. Cuando ellos lo hacen es porque tienen complejo de bajitos.

Si ocurre algún accidente siempre hay alguien que opina que "las mujeres y los niños primero", por este orden.

Podemos cuidar y lavar a los niños y adolescentes sin que nadie nos llame pervertidas.

Nunca eyaculamos prematuramente.

Nosotras conseguimos coquetear con los hombres y solamente parecer sociales. Cuando ellos intentan ser amables provocan recelos.

La ropa de los hombres casi nunca llaman la atención; las nuestras casi siempre.

Nosotras ligamos en el trabajo; ellos nos acosan sexualmente.

Un joven apegado a su mamá causará risa; una chica es que es buena hija.

Nosotras podemos llorar para evitar que el guardia nos ponga una multa.

Tenemos el Instituto de la Mujer que vela por nosotras; ellos nada.

Hay casas para mujeres maltratadas; ninguna para los hombres.

Nosotras vivimos romances; ellos ligan.

Nosotras vivimos más tiempo, y ellos se mueren antes para que podamos cobrar el seguro de vida que se han hecho.

Nadie nos mide nuestros genitales; los de ellos siempre, hasta nosotras.

Les decimos que lo importante no es el tamaño para que no se pongan a llorar.

Los taxis se detienen antes para nosotras.

Nuestras borracheras nos cuestan más barato, pues las pagan ellos para seducirnos.

ELLOS OPINAN SOBRE LAS MUJERES

Si pones a una mujer en un pedestal y la proteges de todos los males eres machista.

Si te quedas en casa y haces el trabajo del hogar eres un calzonazos o un inútil que no es capaz de encontrar trabajo fuera.

Si trabajas demasiado no tienes tiempo para ella, pero si trabajas poco eres un vago y un inútil.

Si ella tiene un trabajo aburrido y repetitivo con un sueldo bajo es explotación, pero si tu tienes el trabajo aburrido
con el sueldo bajo deberías moverte y buscar algo mejor.

Si un hombre asciende en una empresa antes que una
mujer es machismo, pero si ella es la que asciende es igualdad de derechos.

Si lloras eres un afeminado y si no, un imbécil insensi-
ble.

Si le pegas a una mujer es violencia doméstica, pero si
ella te pega es defensa propia.

Si tomas una decisión sin consultar con ella es prepoten-
cia, pero si ella la toma sin consultarte, es porque es una
mujer liberada, independiente.

Si le pides algo que ella no quiere hacer es dominación, si ella te lo pide es un favor.

Si te gustan las mujeres que se arreglan y se cuidan eres sexista, si no te importan esos detalles eres poco romántico

Si intentas cuidarte eres un vanidoso, sino un troglodita.

Si le regalas flores es que buscas algo, si no "te olvidaste de su cumpleaños"

Si estás orgulloso de tus éxitos eres un engreído, si no lo estás, un conformista.

Si le pides hacer el amor no piensas más que en eso, pero si estás destrozado después de un día pesado en el trabajo es que ya no la quieres.

Si a ella le duele la cabeza es que está cansada, si te duele a ti, es que ya no la quieres.

Si lo quieres hacer muy seguido estás caliente, y si no es que hay otra.

CÓMO NOS VEN ELLAS

No son únicos, pero se lo creen (y se lo hacemos creer)

Suelen pensar más con el bajo vientre que con la cabeza, especialmente cuando tienen una mujer delante (o debajo).

Hay dos categorías básicas, menores de 25 años y mayores, aunque la mayoría preferimos clasificarles por el volumen de su cuenta corriente.

No pueden evitar hablar con nosotras sin mirarnos al escote.

Suelen identificarnos más de espaldas que de frente, por eso padecen tanto de tortícolis.

¿Su mayor apuro? Tener una erección cuando miran una chica en un medio de transporte.

148

Nosotras les enseñamos a ahorrar, pero ellos no saben enseñarnos a gastar menos.

Se creen muy intelectuales, pero con nosotras solamente piensan en el sexo.

Desearíamos que pudieran vivir sin Viagra o afrodisíacos.

No hay manera que hagan un huevo frito sin romper la yema.

Nos gustaría que supieran poner azúcar en el café sin tirar la mitad en la mesa. Por eso les gusta tanto tomar el café en los bares, pues allí tienen terrones.

Es imposible que encuentren algo sin pedir ayuda.

Aunque no lo crean, es posible limpiar la mesa cuando se cae comida.

Cuando organizan una fiesta necesitan un grupo muy grande de hombres para que todo salga casi bien.

Estamos seguras que no saben levantar la tapa del inodoro. Eso lo sabemos por los restos, no porque les espiemos.

Deberían conseguir controlar esa gotita traicionera cuando salen del servicio.

Son insoportables cuando están borrachos.

Igualmente insoportables cuando vienen de compras con nosotras.

No comprenden que nosotras podemos llegar siempre tarde, pero ellos nunca pues serían muy maleducados.

Para nosotras el servicio es un lugar mágico, pues salimos totalmente transformadas; para ellos es el lugar donde leer cómodamente el periódico.

FRASES INGENIOSAS... PARA LOS HOMBRES

Las faldas cortas hacen que los hombres se comporten educadamente. ¿Han visto alguna vez a un hombre subirse a un autobús delante de una chica con minifalda?

Si la mujer fuera algo bueno, Dios hubiera tenido una.

Las mujeres consideran que guardar un secreto es simplemente no decir quién se lo dijo.

¿En qué se parece la mujer a un pescado?
En que sirve todo menos la cabeza.

Solo hay tres tipos de mujeres:
Las inteligentes, las que están buenas y... la inmensa mayoría.

¿Qué harían los hombres si no existieran las mujeres?
Domesticarían a cualquier otro animal.

El ser humano es inteligente. La excepción es quien tiene la regla.

-¿Qué hace una mujer después de hacer el amor?
-Estorbar

¿Cuáles son las 70 cosas para las que sirven las mujeres?
-Para el 69 y para cuidar niños.

Era una mujer tan tonta, pero tan tonta... ¡que hasta las demás se dieron cuenta!

ALGUNOS CONSEJOS QUE ELLAS DAN A LOS HOMBRES

La televisión no es más importante que nosotras, ni siquiera cuando veis un partido de fútbol. Nos sentiríamos compensadas si vierais con nosotras cualquier programa del corazón. Además, el partido ocupa dos horas, pero con nosotras estáis ocho horas diarias en la cama.

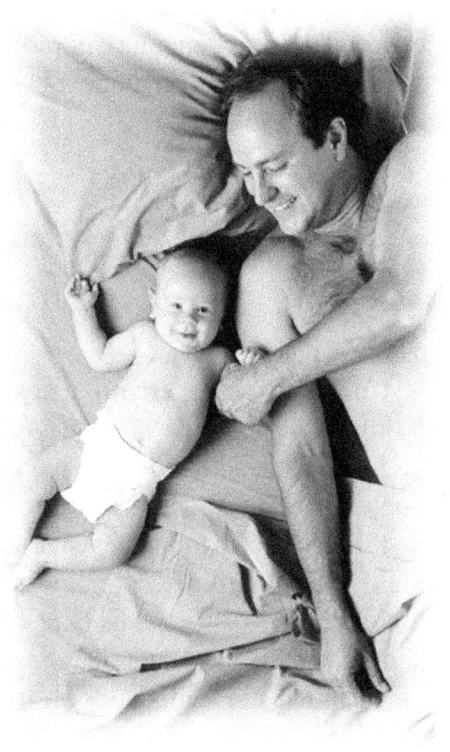

No tengáis el mando a distancia cuando nos hemos quitado los rulos y puesto un pijama sexy.

La barriga no es sexy.

No comáis cacahuetes o cosas similares cuando vayáis a hacer el amor.

El día de nuestro aniversario de bodas no invites a tus amigos a casa.

Si no queréis poneros celosos no nos presentéis amigos solteros, ni a Brad Pitt.

No hables a tus amigos sobre nuestra vida sexual.

Si yo me refiero a ellos como "tus amigotes" es porque me odian.

Aunque me ría cuando eructas, no es gracioso, así que no lo repitas en público.

Los gases se generan contra nuestra voluntad, es cierto, pero no establezcas un concurso para saber cuál es más ruidoso.

Limpiar el baño no es algo femenino, así que hazlo de vez en cuando... o siempre.

Cuando es desvistáis no tiréis la ropa como si la odiarais.

Seguro que existe un modo de orinar en el inodoro sin salpicar el suelo.

Conduces bien, pero no tienes que emular todos los días a Fittipaldi.

Seguro que si lo pensáis, reconoceréis que algunos conductores lo hacen casi también como vosotros.

Puesto que insultar provoca úlcera de estómago, cámbialo por silbidos o respiraciones profundas.

La radio de tu coche es para vosotros, no obliguéis a los acompañantes a escucharla.

Cuando estéis enfadados no tenéis motivo para conducir a altas velocidades.

CÓMO LAS VEMOS A ELLAS

Nos gustaría iniciarlas en el uso correcto del cerebro y nuestros datos indican que el curso debe durar según el color de su pelo:

Morenas: 30 días

Pelirrojas: 60

Rubias: vitalicio.

Para lograrlo es imprescindible:

La ayuda de un varón.

Superar la dependencia de sus amigas.

Que aprendan a comprar en menos de 4 horas y solamente lo que necesiten.

No emplear maquillaje para mostrar una piel que no tienen.

No leer prensa del corazón, ni siquiera en la peluquería.

No ver programas basura o de cotilleo y si lo hacen no culpar al mando a distancia.

Aprender a conducir un automóvil y, al menos, cambiar una rueda sin la ayuda de un varón.

Cambiar de carril en la autopista solamente después de avisar con el intermitente.

Ser capaces de manejar una taladradora sin arruinar la pared.

Clavar clavos con eficacia sin machacarse los dedos.

No ir al servicio en grupo, pues probablemente no necesiten ayuda.

Hablar algo de filosofía o historia, al menos una vez al año.

No emplear dos horas para arreglarse las uñas.

No aprovechar los semáforos para arreglarse el pelo.

Aparcar sin machacar los faros de los otros coches.

No fingir que no sabe cómo se mira el aceite en el coche para no mancharse las manos de grasa.

El curso de "control mental" incluye:

No tener mal humor cuando estéis con el síndrome premenstrual.

No llevar zapatos de tacón alto por aquello de igualarse al hombre.

Cuando digan que les faltan cinco minutos que definan ese concepto.

Que sepan que hacer esperar a los varones no es síntoma de feminidad, sino de mala educación.

Que consideren el fútbol casi como una religión de obligado cumplimiento y devoción. Es como creer en Dios aunque no le comprendamos.

Si no les gusta el fútbol, al menos que permanezcan calladas mientras los hombres hablan de ello apasionadamente.

No preguntar nunca a una amiga "¿cómo me veo? pues sabrá lo que es la hipocresía.

Darse cuenta que las mujeres también tienen eructos, se tiran pedos y manchan la ropa interior.

Que aunque se suenen los mocos con delicadeza, el pañuelo termina igualmente sucio.

Deben admitir sin desmayarse que ellas también tienen bigote de vez en cuando y que sus piernas lucirían horrorosas si no se las depilasen.

Que en toda tarjeta de crédito están escritas las palabras: control y límite, aunque aparentemente no se vean.

Que no se lleven al marido de compras para emplearle como burro de carga.

Que se den cuenta que el concepto de "suegra" también incluye a su madre.

El curso estará casi completo cuando:

Sepan que el teléfono es para dar recados de no más de cinco minutos, aunque sea con sus amigas.

Vean a George Clooney en la televisión y no se pongan a dar palmadas de alegría delante del marido.

Comprendan que la metamorfosis y el cambio no tiene nada que ver con el pelo o la ropa.

Aprendan a mirar de vez en cuando por el espejo retrovisor y observar el cuentavueltas, ese aparato redondo que confunden con un extraño e inútil reloj.

Puedan ir al ginecólogo sin que parezca que van a una cita con un amante.

Deben entender que el espejo nunca miente, pero las amigas sí.

No se ofendan con las críticas expuestas en este libro.

CAPÍTULO 9

Ese problema, que tan negro viste ayer, es como un sueño; comienza a desvanecerse.

CONSEJOS PARA CÓNYUGES EN LITIGIO:

Si tienen piso en propiedad véndanlo y repartan el dinero. Ambos podrán encontrar un pequeño apartamento con el producto de la venta y será suyo en exclusiva. También, pueden coger un piso en alquiler y con el dinero de su piso poner un negocio que les permita ganar lo suficiente para realizar sus sueños.

Insista en que su ex comparta la custodia de sus hijos, pues así dispondrá de más tiempo libre.

Busque la felicidad en usted mismo, en su vida interior, y no se haga dependiente de su familia o amigos. No sea el pariente divorciado que siempre está buscando desesperadamente con quien salir. Mejor, inténtelo con nuevas amistades.

No busque inmediatamente una nueva pareja. Deje que el destino se la ponga a su alcance en el momento oportuno. Y si no aparece, tenga en cuenta que hay muchas cosas que puede hacer en la vida sin necesidad de pareja.

No obligue a sus hijos a que compartan sus aficiones o que le acompañen en sus lágrimas y problemas. Debe desligarlos de usted cuanto antes, porque su destino es ser libres. Acuda en su ayuda solamente cuando se lo pidan imperiosamente, pero no se convierta en un padre/madre absorbente creyendo que les hace un favor. Recuerde que los hijos no se divorcian; lo hacen los padres.

Viva de acuerdo a su edad presente. No imite a los más jóvenes, ni en el vestir ni en sus aficiones. Usted posee la suficiente personalidad como para no tener que imitar a nadie. Busque sus propias aficiones y lugares, y no se crea los halagos de quien le asegure que ha rejuvenecido desde el divorcio. Por mucho que le insistan seguirá teniendo los mismos años, ni uno menos.

Deje de pleitear para siempre con su ex y ponga sus energías en otras cosas más productivas. Para tranquilizar su conciencia posiblemente le sea de utilidad ver a su antigua pareja de vez en cuando, siempre que no tenga ya una nueva vida con otra persona. Tenga en cuenta que siguen compartiendo uno o varios hijos, y eso les ha creado una deuda humana para que sigan luchando por ellos juntos.

Nunca presuma de lo mucho que hizo sufrir y padecer a su malvado cónyuge, pues quien le escucha se pondrá en guardia contra usted mismo. Quien hace daño a una persona, podrá hacer daño a cientos.

Si todavía manifiesta hostilidad hacia su ex, cambie bruscamente de postura y pórtese como nunca antes lo había hecho. Le cogerá tan desprevenido que le será imposible ser hostil, a no ser que su cualidad humana sea ya irrecuperable. Desde ese momento la vida de ambos comenzará a mejorar sensiblemente, pues habrán dejado atrás una mala época.

Peticiones a los poderes públicos de cualquier país:

Creen más consultas gratuitas de Consejeros Matrimoniales, en lugar de potenciar la de los abogados de oficio.

No otorguen poderes omnipotentes a los jueces en los asuntos de familia. Los seres humanos debemos poder decidir sobre nuestras vidas.

Consideren la custodia compartida de los hijos como la norma, no como la excepción.

ESTADÍSTICAS

Una estadística publicada en ciertos medios de comunicación y que ha causado asombro, nos asegura que el 68 % de las mujeres desean permanecer en casa cuidando de sus hijos. Indudablemente los grupos feministas se han rasgado las vestiduras, pues se han pasado los últimos mil años tratando de convencer a las mujeres que la felicidad pasa por trabajar en un empleo, guste o no guste.

Según datos publicados en la prestigiosa revista Cosmopolitan, un sorprendente número de jóvenes mujeres preferirían ser amas de casa a tiempo completo, especialmente si tienen niños pequeños, que mujeres de carrera profesional. Este dato, aparentemente contradictorio, si tenemos en cuenta las manifestaciones de las mujeres que ejercen la política, viene a demostrar que con demasiada frecuencia los medios de comunicación, los políticos y los psicólogos, secuestran la opinión de las personas. Es como esa noticia en la cual dicen que en una manifestación toda la ciudad de Nueva York pidió la dimisión del alcalde. Luego nos añaden que a esa manifestación acudieron 15.000 personas, insuficiente representación para una ciudad que tiene más de 8 millones de habitantes.

En esa misma ciudad se realizó una investigación por el grupo universitario Inteligencia Juvenil, dedicado al seguimiento de tendencias en Nueva York, y mostró que el 68% de las 3.000 mujeres casadas y solteras manifestaron que arrinconarían el trabajo si se lo pudieran permitir. Esta encuesta viene a confirmar la tesis de la revista Cosmopolitan, que demuestra que el trabajo no es el sueño liberador para las mujeres, pues dos de cada tres entrevistadas preferían quedarse en casa antes que competir de por vida para mantener su empleo.

"No se trata de una vaga fantasía", declaró Jane Buckingham, presidenta de Inteligencia Juvenil. "Estas mujeres aspiran honradamente a una vida doméstica, y muchas continuarán aspirando a ella". La investigación indicaba que el aspecto más atractivo de ser una esposa y ama de casa, es la gran disponibilidad de tiempo que tienen esas mujeres para ellas mismas, especialmente cuando el marido aporta el suficiente dinero para vivir con holgura.

Otro 70% de mujeres manifestaba que ellas preferían trabajar fuera menos horas y dedicarlas a su vida personal, antes que ganar más dinero. Pasar más tiempo con la familia y los amigos era el factor que encabezaba la lista, seguido de dormir más, ver la tele o trabajar fuera de casa. No obstante, algunas de esas aspirantes a amas de casa tenían sus dudas. "Aunque sueño con ser ama de casa, realmente me pregunto si me sentiría menos persona sin tener una ocupación fuera."

VENTAJAS Y DESVENTAJAS DE VIVIR EN PAREJA

La vida en pareja exige cierta ayuda del exterior para mantenerse, como ir juntos a cenar, acudir a ver una película, cenas íntimas y besos furtivos en cualquier situación. También es necesario compartir la compra, el tráfico diario, planificar las vacaciones y hasta discutir a dúo con un vecino molesto. En la medida en que una pareja comparte más cosas, la relación es mejor y duradera.

Tratar de que la felicidad de uno no impida la del otro, como por ejemplo, dedicar cierta cantidad de dinero a la vivienda cuando el otro preferiría invertirlo en acciones o vacaciones. Si uno tiene que renunciar a favor del otro a multitud de hobbys o pasatiempos, lo podrá soportar si se da cuenta que también su pareja está renunciando a sus pro-

pios deseos. Hay quien prefiere ir a un gimnasio, mientras que el otro desea aprender a pintar; uno quiere comer comidas rápidas en lugar de tener que fregar la cocina y los cacharros, mientras el otro disfruta con platos elaborados en casa. Hay quien gusta de decorar su casa con cosas personales construidas con sus propias manos, mientras el otro prefiere comprar los objetos decorativos. También, sabemos de personas que no dejarían de acudir los domingos a seguir fomentando su afición a la filatelia, pero al otro le resulta tan aburrido que prefiere el vermú con los amigos.

Para los varones la casa suele ser un lugar en el cual refugiarse, estar cómodo y sentirse libre, mientras que para la mujer es un reducto que hay que mantener escrupulosamente en orden y limpio para mostrarlo a amigos, vecinos y parientes. Por eso el trabajo compartido del hogar no tiene solución posible, pues habitualmente las mujeres indican el cómo, el cuándo y el dónde, enfrentándose con el peculiar sentido anarquista que tienen los varones en cuanto al hogar.

Una vivienda de un chico soltero nunca estará como la de una chica, pues las prioridades de uno no son las del otro. El varón dejará la mesa sin recoger si está viendo una película o partido de fútbol de su interés, mientras que para una mujer la visión de los platos sucios le impedirá disfrutar de la televisión. En ese momento, y en otros similares, es cuando se establece el conflicto, que es solamente una cuestión de prioridades.

Creemos que las parejas en las cuales la mujer se encarga mayoritariamente de las labores domésticas son más infelices, aunque puede que no sea así por varias razones: una, la mujer tiene el control total del orden y concierto del hogar, con lo cual se siente satisfecha al verlo a su gusto; el problema es que tiene que encargarse ella en solitario. Dos, el varón se siente a gusto delegando en su mujer una labor que él nunca llevaría con tanto esmero y dedicación, aunque como contrapartida la casa refleja casi exclusivamente los gustos y deseos de la mujer.

Las parejas se unen no solamente porque están enamorados, sino porque están convencidos de que así serán más felices. El problema es que saben con bastante precisión cómo llegar a alcanzar esa felicidad, pero no cómo hacer felices al otro. Cuando se les pregunta qué van a aportar en esa relación suelen decir cosas grandilocuentes como: "le voy a dar mucho amor", "le voy a cuidar mucho", "le protegeré", "le cuidaré", y frases similares.

Hay quien asegura que los primeros meses son maravillosos, pues el amor y la pasión sexual están al rojo vivo, pero creo que ese periodo es precisamente el más delicado y condicionará la vida futura. Durante los primeros días ambos cónyuges han salido de sus anteriores hogares, habitualmente viviendo con los padres, en donde se dedicaban a trabajar, estudiar y, en los ratos libres, divertirse sin límite de horario y en ocasiones de dinero. Pero ahora las cosas han cambiado, pues la casa la deben cuidar ellos, los problemas deben ser resueltos sin ayuda, y las facturas que antes ni sabían que existían, las pagan ellos, no los padres. También aparecen los pulsos de poder, puesto que ahora no son libres y deben dar cuenta de sus actos a otra persona, al mismo tiempo que su tiempo libre y sus aficiones deben decidirlas a dúo. Ya no hay lugar a las individualidades y eso es algo a lo que deben acostumbrarse.

Aunque el amor entre una pareja parezca un sentimiento casi celestial, no es ni siquiera una aproximación al amor que se siente por los hijos. Por ellos renunciamos a casi todo, les entregamos nuestro trabajo, cariño y protección, y todo sin exigirles nada a cambio; nos basta con un beso o saber que están felices. Pero en el matrimonio las cosas no son tan espirituales y no damos nada gratuitamente. Si entregamos cariño queremos ser correspondidos y si nos desvivimos por la pareja queremos una compensación afectuosa. Es un intercambio que nunca exigimos a los hijos. Cuando uno de los dos, o ambos, no encuentran correspondencia al afecto o la dedicación, nace el conflicto y a un paso llega el divorcio. No somos altruistas en el matrimonio y por eso las personas egoístas tratan de conseguir su felicidad aun a costa de la del otro.

Una ventaja es que dos personas unidas forman siempre un grupo social y económico más fuerte, además de contar con el apoyo emocional que supone tener al lado alguien que se preocupe por nosotros. Sin embargo, cuando la relación se deteriora individualmente se pierde mucho, tanto económicamente como espiritualmente. Las personas divorciadas tardan mucho en recuperar el potencial que tenían durante el matrimonio.

Es bueno tener una cuenta corriente juntos, pero esto suele ocasionar serios conflictos cuando uno de los dos es ahorrativo y el otro utiliza la tarjeta de crédito con amplitud. En estos casos, lo razonable es la separación de bienes, manteniendo además una cuenta bancaria común, así las deudas o créditos se conceden por separado y en caso de litigio será responsable solamente quien las haya contraído. Cuando existe solamente una cuenta común hay más problemas por llegar a acuerdos sobre el modo de gastar los ingresos, que cuando las cuentas son independientes. Y si la separación es un hecho, habitualmente los cónyuges que comparten todo expolian los ahorros para que el otro no se los lleve antes.

La pareja ideal

Nunca trate de analizar si su compañero es el hombre de su vida (o su mujer), pues primero tendría que aclarar qué significa "el hombre de su vida". ¿Significa alguien a su lado que le otorgue todo lo que necesita? Ese es un criado o un mayordomo. ¿Significa alguien que le ame incondicionalmente durante toda la vida? Tal altruismo debe ser correspondido y usted también deberá hacer igual si demanda tal exigencia. Además, el amor no es algo que se impone o planifica, pues es tal incontrolable que aquello que antes nos gustaba ahora lo odiamos. ¿Significa alguien que le acompañe a sus lugares preferidos, que le proporcione bienestar económico y que sepa decirle en todo momento la palabra que necesita? Si así lo piensa indudablemente está hablando de Dios, y no creemos que Él tenga mucho interés en casarse con usted.

Por tanto, abandone ya para siempre esas frases tópicas, pues con ellas no se construye la vida, sino trabajando y conservando las cosas que le gustan. Dentro de lo que podemos esperar de nuestra pareja, lo importante es la felicidad que logremos con esta convivencia, pero siempre que entendamos que la felicidad no es una línea ascendente, cada día un poco más feliz, y ni siquiera una línea recta, pues la tendremos a cortos retazos en nuestro reloj de vida. Cuando un simple beso, otorgado en un momento adecuado, nos embriague, es buen síntoma, aunque los cien besos siguientes no nos hagan vibrar especialmente.

TELEBASURA

Mi consejo es que nunca tome referencias por el modo en que viven las demás parejas, pues ellos nos muestran solamente el escaparate de sus vidas, pero la trastienda nadie la ve. La gente suele contar más sus desgracias de pareja que sus venturas, y para prueba tenemos la gran cantidad de programas de televisión en los cuales docenas de personas cuentan las amarguras de su vida conyugal. Casi siempre es una sola persona quien está allí, ya que su cónyuge no es invitado para replicar a tantas acusaciones, pero la gente del estudio aplaude, se solidariza con esa persona, mientras el presentador se siente orgulloso de lo que muestra. Nunca un juicio sobre el comportamiento de las personas ha sido tan infame, con acusador y juez unidos, mientras que el acusado no aparece por ningún lado. Su nombre es difundido sin pudor a través de miles de hogares, y su honor, honestidad y categoría social son pisoteados sin ningún remordimiento. El acusador/a, ufano, cuenta con todo detalle cómo esa persona le ha amargado la vida y nadie se cuestiona si eso es cierto o no, pues se sienten felices de ver la miseria de los demás.

LAS DUDAS

Tenga en cuenta que si usted tiene dudas se las está transmitiendo a su pareja y ella también tiene necesidades y deseos. Ambos han formalizado en su día un compromiso de convivencia, y eso no se puede romper con facilidad, ni mucho menos por dudas. En ese compromiso han involucrado a muchas personas, tienen posiblemente una vivienda en común, hijos, amigos, y una rutina diaria que resulta difícil romper sin traumas. Cualquier decisión negativa que tome hará daño a muchas personas, la primera a su pareja, y no puede presumir de ser una buena persona si no tiene en cuenta los sentimientos de su cónyuge.

Si se siente atenazado por la vida en conjunto, pues cree que no es libre para realizar todos sus deseos (¿quién lo es?) sepa que el compromiso es un ejercicio de libertad, no una pérdida, y que lo único que debe acostumbrarse es a ser libre a dúo, algo que es sumamente fácil. Lo mismo que quien tiene hijos bebés no considera que ha perdido su libertad (ahora solamente añora cuidar al pequeño, y entiende que su libertad debe ir unida al cuidado de ese hijo), las parejas solamente deben reformar su concepto de la libertad. Por algún motivo, la gente asocia libertad a individualismo, y no entienden que se puede ser libre en una comunidad llena de personas a las cuales deben dar cuenta de sus actos y pedir opinión.

DISCUTIR, TANTO COMO SEA NECESARIO

No crea que quien nunca discute es porque se lleva mejor con su pareja que los demás, pues posiblemente se deba a que uno calla mientras otro habla, uno ordena y otro obedece. Así es muy difícil discutir. Encontrar "la media naranja" no quiere decir encontrar un alma gemela, pues nos estamos olvidando de que los imanes se componen de dos polos perfectamente diferenciados, pero que juntos forman una de las fuentes de energía más importantes de la naturaleza. También es cierto (lo advierto para evitar que nadie salga a la calle en busca de alguien opuesto a él), que los huracanes se forman por la unión de aire frío y caliente y que los volcanes entran en erupción cuando la presión interna es muy intensa.

Lo bueno de estar enfermo es que cuando nos curamos apreciamos la salud más que nunca y la vida nos parece hermosa simplemente por seguir ahí. Del mismo modo, no podemos valorar lo mucho que amamos a nuestra pareja hasta que no nos reconciliamos después de una amarga discusión. En ese momento cada beso nos envuelve y hacer el amor nos lleva a paraísos olvidados. Un beso de reconciliación es, con seguridad, mucho más intenso que un beso cotidiano. Por eso las parejas que viven con familiares (generalmente, la madre viuda de uno de ellos) tienen muchas más probabilidades de llevarse mal, puesto que ni siquiera disponen de la libertad para enfadarse y reconciliarse a su modo. Si para hacer el amor se necesita intimidad, con mucha más razón para discutir, razonamiento que nos lleva a pedir a las personas que nunca intervengan entre las desavenencias de una pareja, salvo que la sangre llegue al río. Permanezcan siempre al margen de las disputas conyugales y si intervienen nunca se pongan de parte de uno de ellos, pues en ese momento lo que cuenta es el matrimonio, no cada uno por separado.

Para que entiendan nuestras conversaciones existen cuatro maneras diferentes:

Le damos una oportunidad a nuestro oyente para aceptar o rechazar nuestra petición. Una persona que ha estado de acuerdo en dialogar participará más y mejor.

Debemos ayudar a nuestro oyente a que entienda la parte más importante de lo que queremos decirle. Muchos estudiosos en lingüística y comunicaciones están de acuerdo en que todo se entiende mejor si se pide a la otra persona que participe, además de emplear cierta mímica para afianzar las palabras.

Debemos ir preparando a nuestro oyente para lo que va a oír, sobre todo si el tema es emocionalmente delicado. Si sorprendemos bruscamente a nuestro interlocutor con nuestras quejas o exigencias emocionales, pueden responder evitando una larga conversación o estando permanentemente en guardia.

Hay que ayudar a nuestro oyente a entender el papel que queremos que juegue en la conversación, pidiéndole ayuda para solucionar el problema. Para ello emplearemos la sutileza y nunca la brusquedad; dándole nuestro apoyo emocional, y haciendo que no vea un guerrero con ganas de pelea. No se olviden de lograr que participe y si está remiso a ello, hágale preguntas.

El arte del lenguaje

A menudo las personas tratan de negociar mediante la conversación, pero más que cuidando las palabras lo hacen a través del idioma del cuerpo y tono de voz. Esto ocasiona una interacción mayor que con el simple discurso, esencialmente porque solemos hablar con personas cuyo idioma corporal y tono de voz pueden ser bastante diferentes del nuestro.

Lo más importante de la conversación es disponer del deseo y buena predisposición para llevarla a cabo. Aunque hay personas que afirman que primero hay que hablar y luego besarse, mi consejo es todo lo contrario, pues no hay nada que relaje tanto que un abrazo previo. En este aspecto hay una divergencia crónica entre las parejas, pues ellas insisten en que primero se habla y luego se hace el amor, mientras que nosotros opinamos lo contrario.

Si ambos cónyuges están de acuerdo en conversar, muy probablemente prestarán atención y cooperarán para que el diálogo sea concreto. Olvídense inicialmente de su larga lista de exigencias, pues no es de buen augurio comenzar pidiendo, exigiendo y criticando. Cuando empezamos una conversación respetando los deseos de la otra persona creamos un clima de buena voluntad, pues hay confianza en que sus deseos serán considerados y se podrá resolver el problema. De esta manera, la empatía que conseguimos será más genuina y los acuerdos que alcancemos más fiables.

Cuando realice una conversación conyugal encontrará todo más fácil si:

° Sabe las necesidades y gustos de su pareja.

° Acepta que la conversación sea muy interactiva, evitando los monólogos. Hable y escuche.

° Cuando diga "no", debe tener preparada la re-negociación

° Cuando tenga dudas, suavemente incite a esa persona para que clarifique lo que tiene en su mente. No hable en su nombre.

° Evite conversaciones que sean negativas, derrotistas o autodestructivas.

INTENCIONES

Hay que ser realista sobre cómo las personas realmente se comportan, pues la sinceridad está normalmente en declive a favor del engaño, y es más frecuente encontrar malos modales y palabras soeces en una conversación que un comportamiento educado. Los libros, que deberían conservar la pureza para la cual fueron creados, continuamente nos bombardean con un lenguaje lleno de sarcasmo, crueldad y violencia. Por ello no nos debe extrañar que una pareja no tenga ninguna referencia para lograr entablar una conversación tranquila y constructiva, en la cual la única finalidad sea el entendimiento y los buenos propósitos.

Lo primero es aquello que nosotros hacemos a otros, obligándoles a ponerles en guardia y ser violentos, tanto en la conversación como en la vida en general. Si empleamos el sarcasmo, la burla y la falta de respeto general, nuestro interlocutor, al formar parte del mismo núcleo familiar, terminará empleando el mismo sistema con nosotros. Por eso, en la medida en que aprendamos a dialogar con el suficiente respeto y consideración, incluso en los momentos más álgidos, podemos conseguir que nos imiten en nuestro lenguaje y comportamiento. Si de algo tenemos que arrepentirnos siempre es de no haber sido lo suficientemente respetuosos con nuestra pareja. Dar salida a los sentimientos de enojo o frustración parece que nos alivia mucho (nos desahogamos, dicen), pero no tanto como tener la conciencia tranquila.

Pero el segundo inconveniente del mal comportamiento en los diálogos es que las personas, para evitar ser el blanco de nuestra ira, evitarán incluso la conversación e incluso tendrán ya elaboradas muchas respuestas agresivas. Y si alguien no puede salir airoso de una situación, le quedará un resentimiento guardado para la próxima ocasión. No emplee frases como: ¡esto no lo aguanto!, ¡no sabes lo que te espera!, o ¡te vas a enterar de quién soy yo!, pues le predisponen a la violencia incluso antes del diálogo. Haga alguna de estas cosas y puede estar seguro que sus relaciones acabarán o se pondrán aún más amargas. Estas consideraciones nos sugieren que mirando por nuestro propio interés es mejor hacer un inventario cuidadoso de nuestra forma de expresarnos y explorar maneras más positivas de actuar.

Esquema de un diálogo conciliador entre una pareja

Puede empezar el diálogo con la frase: "tengo el presentimiento (o la corazonada) de que todo va a ir mejor entre nosotros desde ahora". Eso predispone tanto al diálogo como decir: "te quiero y me gustaría aclarar nuestras diferencias."

Al principio no es prudente realizar demandas o quejas personales y es mucho mejor oír lo que le preocupa al otro.

Cuente un momento de sus vidas especialmente amoroso y demuestre que el amor que antes existía aún no ha muerto. Requiera su empatía, pero no su consejo o permiso.

Planee los recursos que habrán de poner en práctica para la reconciliación, pero pida ayuda a su compañero, no le convierta sólo en oyente.

Coordine un plan que involucre a ambos.

Exprese reiteradamente que aún la quiere, incluso aunque se lleven mal.

Muestre un apoyo expreso para resolver las situaciones más difíciles.

Realice una demanda sobre algo que no marcha bien, pero no olvide que no se debe quejar, pues los conflictos se resuelven mejor con demandas sencillas.

Confirme que quiere ser comprensivo y compartir los remedios. No hable en primera persona siempre y mejor emplee frases como: "creo que lo que quieres decirme..." o, "entiendo tu manera de pensar." "A ver si te he entendido" es también una buena frase para comenzar a resolver un conflicto, pues implica que sentimos interés por sus necesidades. En ese momento puede empezar a negociar y a tomar algunas decisiones conjuntamente.

Deje que le haga tantas preguntas como quiera, pues casi siempre quieren saber lo que pensamos y sentimos.

Intercambien consejos para llevarse bien.

No diga nunca: "¡Es que no te aguanto!" y cámbielo por: "Te quiero mucho, pero a veces no te aguanto."

Una vez que los ánimos parecen ya serenos, puede realizar peticiones más directas.

No debe dejar ningún cabo suelto y matice la acción, tiempo, información, objetivos, dinero, promesas, etc.

No ceda si no tiene intención de cumplir esa petición. Es el momento también de desechar lo que no le parezca razonable.

Hágale una oferta que proporcione optimismo.

Cambie su punto de vista sobre la relación de pareja y demuestre que ustedes son diferentes, mejores y hasta más felices en su conjunto.

Empiece ese mismo día por un acto de intensa reconciliación.

Si su pareja está ya tan sensible y amorosa como desea, es el momento de pedir disculpas por haberla hecho daño.

Comiencen a intercambiar disculpas, pues ello indica que ambos se sienten tristes por haber causado daño.

Realicen una evaluación de cómo se sienten ahora, de lo relajados y felices que se encuentran después de la reconciliación.

Continúen su conversación en la cama.

LISTA DE LOS DEFECTOS A ERRADICAR EN LA CONVIVENCIA

Si usted o su pareja ejercen habitualmente actos reprobables es hora de cambiar, pues junto a la desdicha de su pareja también encontrará la suya. La guerra no hace grande a nadie, ni más listo, ni mucho menos más feliz, aunque la hayamos ganado. Sabemos que en el fondo de una relación malograda está la falta de cariño, ya que no tenemos a esa persona otorgándonos amor todos los días, ni nosotros podemos ser lo cariñosos que deseamos. El desamor nos lleva a un sufrimiento tan intenso que nos hace ser malvados precisamente porque ya no recibimos caricias, algo que se había convertido en una necesidad en nuestras vidas.

Estas intenciones interactivas que ya no son cumplidas nos provocan la necesidad de encontrar a alguien que las pueda otorgar. Por eso muchas personas se dedican los días siguientes a un divorcio a buscar compañía, preferentemente del sexo opuesto, en un deseo compulsivo de querer encontrar sustituto rápido. Esto ya sabemos que ocasiona nuevos problemas, pues el amor no se pide, ni se busca; se encuentra casi por casualidad.

Entre los actos reprobables que suelen cometer las personas con sus parejas están:

- Las amenazas. Se amenaza con el divorcio, con el adulterio y con la penuria económica, además de que nunca más harán el amor juntos. No dormir en la misma cama, además, imposibilita nuevas y rápidas reconciliaciones.

- Herir o abusar del poder, especialmente cuando uno de los dos no tiene trabajo para independizarse económicamente.

176

- Se hace daño en ocasiones físico, pero el daño psíquico es aún más importante, pues estas heridas llegan hasta el fondo del alma y tardan mucho en curarse.

- Crear un resentimiento hacia el otro sexo.

- Hay quien aplaude lo que hacen los demás, mientras que solamente realizan críticas para la pareja, incluso en público. Ello fomenta el deseo de venganza.

- En los momentos de soledad, hay un fuerte sentimiento de culpa y se mira más al pasado y el presente, que al futuro.

- Se le controla la vida aún más que antes, con vigilancia en su lugar de trabajo y llamadas telefónicas pretendidamente anónimas.

- Hay quien busca la influencia de alguien, habitualmente la familia, para que le haga sentirse especialmente mal.

- Ahora asistimos a la mayor de las mezquindades, con los comentarios, incluso en los medios de comunicación, para desprestigiar a la pareja ante la sociedad y los amigos.

- Se manipulan los hechos para que parezca el malo a los ojos de otros. Con el tiempo se cumple el refrán "calumnia, que algo queda"

- No existe nunca el sentimiento de la propia culpa.

- Ausencia total de cariño o palabras amables.

- Aplausos cuando vemos a nuestra pareja llorar por el dolor, pues así sabemos con seguridad cómo hacerle daño la próxima vez.

INFIELES

Personalmente no me gustan los chistes que ridiculizan una situación que produce tanto dolor como la infidelidad, pero en ocasiones creo que tomarse estos asuntos con sentido del humor puede aliviar el sufrimiento. Los cuernos, ya lo sabemos, nos resultan muy graciosos cuando los vive el vecino, algo menos cuando se trata de un familiar, y sumamente desagradables y traumatizantes si nos toca ser los protagonistas.

He aquí los diferentes tipos de infieles:

- Hay gente que es infiel por una cuestión de ego, por demostrarse a sí mismos que siguen gustando, pero como eso lo llevan practicando casi desde la adolescencia, ya no entendemos la justificación para esa afirmación del ego.
- Otros dicen que no lo buscaron, que esa persona apareció en su vida bruscamente y que se enamoraron con pasión. Alegan que deben decidir entre el dolor de su pareja al saberse engañados, y el suyo propio si dejan de mantener esa relación que tanta satisfacción les proporciona.
- También hay quien dice que la carne es débil y que ante un buen cuerpo que se ofrece para el sexo no hay quien se resista. Ellos son muy frágiles con sus debilidades, pero con seguridad no se dan cuenta de que su cónyuge puede opinar lo mismo y pronto deberán realizar el intercambio de pareja.
- Peores son aquellos que amparándose en una relación conyugal resquebrajada mantienen un idilio intenso con otra persona, pues insisten en que "tienen derecho" a ser felices. Su comportamiento es como el de los monos: no sueltan una rama hasta no tener la otra bien agarrada. Tanto egoísmo e interés encuentran siempre alguien que les aplauda, alentándoles a que mantengan ese romance mientras su compañero/a aún cree que su matrimonio se puede salvar. Estos son los peores, pues dedican sus mejores modales a su nuevo amor, siendo amables, cariñosos, deli-

cados y muy sensibles, cualidades que hace años le negaron ya a su pareja.

- ¿Y qué opinamos de quienes afirman que no hay nada de malo en hacer el amor en casa ajena de vez en cuando? Como ellos confunden a las personas con la comida, dicen que comer jamón todos los días termina por aburrir y hay que buscar otros manjares fuera. Su paladar es tan exquisito que necesitan cambiar de plato y de cama como quien lo hace de camisa, olvidando que estamos hablando de las personas y sus sentimientos.

- Finalmente están los que se consideran muy sociales, pues si pasean, hablan e intercambian regalos con una amiga/o, es solamente por amistad. Su relación es inocente aunque se vean diez horas al día, intercambien abrazos y pequeños besos, y hasta realicen viajes "de negocios" que duran varios días. "¿Es que no puedo tener amigos?" –dicen-. "No hay que ser celosos ni posesivos –insisten- pues si el amor con mi pareja es sólido nada lo podrá romper". Así tratan de conseguir el aplauso de la sociedad para su "inocente" relación amorosa, mientras su pareja permanece ignorante de ello y se mantiene fiel. Y si por casualidad este romance se hace público, siempre se podrá hablar de que nuestra pareja tiene celos patológicos, aunque nadie ha matizado dónde empiezan los celos y dónde el adulterio. Ya tenemos al culpable convertido en víctima.

AMOR O SEXO

No estamos ciertamente en una época en la cual se glorifiquen las pasiones amorosas o el amor platónico. Esto lo podemos comprobar acudiendo a una librería en busca de algún manual de orientación para las parejas, pues encontraremos cien libros sobre técnicas sexuales por cada uno

179

de amor y sentimientos. Nadie quiere separar ya el sexo del amor y hasta hay sexólogos que nos aseguran que una pareja durará tanto como les dure la pasión sexual. Pero si analizamos objetivamente las historias de amor y sexo, tanto las literarias como las reales, nos daremos cuenta que el romanticismo no ha perdido adeptos, aunque no salga frecuentemente en los medios de comunicación.

Tampoco estamos ya seguros de lo que es correcto o no en las relaciones de pareja, ya que hay tantos profetas en este aspecto que no sabemos qué postura elegir, y no me refiero ahora a la del coito. Unos nos aseguran que el secreto estriba en hacer el amor intensamente todos los días (o casi todos), mientras que los hay que nos vaticinan que la monogamia tiene los días contados. Estos están convencidos de que en un futuro muy próximo cuando invitemos a unos amigos a cenar, también les ofreceremos la opción de acostarse con nuestra pareja, posiblemente para que tengan postre.

Son legión igualmente aquellos que nos recomiendan ser promiscuos antes de casarnos, para que ganemos experiencia, pues así sabremos satisfacer plenamente a nuestra pareja. Estos sabios orientadores no saben que cada ser humano es único y lo que gusta a uno desagrada a otro, por lo que si han escrito sus tonterías en un libro les recomiendo no comprarlo.

¿Cómo podemos definir lo que es correcto y no? Por ejemplo, en cuanto al coito no hay realmente una postura "normal" para practicarlo, aunque sí las hay más universales. Luego, y una vez que hemos probado unas cuantas (tres o cien, según cada cual), al final elaboraremos nuestro propio sistema para hacer el amor con esa persona en concreto. Naturalmente, si nuestra compañera nos pregunta después de cinco años de convivencia qué nos gusta más, será indicio claro de laguna mental o indiferencia.

Otro concepto erróneo es pensar que solamente existe una edad para disfrutar del sexo, opinión muy subjetiva y desacertada, y es que cada cual cree que precisamente la edad que tiene en ese momento es la mejor. También hay que darse cuenta que la sexualidad cambia con la vida y los años, por lo que debemos entender que muchas personas escojan en algún momento, o durante toda su vida, la opción de la castidad.

Algunas personas tienen poco o ningún interés por el sexo, y no hay que verlo como algo traumático, ni tratar de encontrar patologías en las que tan interesados están los psiquiatras. Contrariamente al bombardeo de los medios de comunicación, el sexo no tiene porqué dominar nuestras vidas, y ni siquiera ser una opción sin la cual no podemos alcanzar la felicidad.

CAPÍTULO 10
LA VIDA DESPUÉS DEL DIVORCIO

"El matrimonio es el triunfo de la imaginación sobre la inteligencia. El segundo matrimonio es el triunfo de la esperanza sobre la experiencia".

ENFERMEDADES OCASIONADAS POR EL PROCESO DE DIVORCIO

Indudablemente existen unas patologías unidas a cualquier situación de divorcio: unas que se dan antes, cuando los cónyuges presienten que algo malo está ocurriendo en su relación; otras durante el proceso, cuando la guerra psicológica y en ocasiones física es muy intensa; y finalmente después, cuando hay que tratar de seguir viviendo y trabajando aunque la pena nos invada y tengamos que seguir pleiteando.

Cuando la ruptura afectiva es ya un hecho, y esta puede llegar incluso años antes de la separación física, las personas pasan por no pocas situaciones, entre ellas el silencio, el intento de volver a quererse, los celos, las ausencias, las palabras deliberadamente hirientes y, con frecuencia, la violencia física. Es como si no entendiéramos lo que nos está pasando, ni el porqué precisamente nos ocurre a nosotros, pues frecuentemente nos coge desprevenidos. Junto a ello y puesto que al principio la mayoría de las personas suelen ocultar a los demás sus problemas, llegan los sentimientos de angustia, culpabilidad y odio hacia la otra persona. En este aspecto no parece importar quién haya sido el causante, ya que quien ama a una nueva persona se justifica de mil maneras, entre ellas la ausencia del amor de su cónyuge, el deseo de ser "verdaderamente feliz" y, con más frecuencia, "la vida".

Soledad

La soledad es el primer sentimiento que atenaza nuestra mente, y con él comienzan los primeros problemas de salud. Y es que no basta con acudir a pedir compañía a los familiares o amigos, pues la soledad nos puede llegar de igual modo, da igual que estemos en ambientes festivos o con personas que nos den palmadas en la espalda. El problema lo estamos viviendo nosotros y la soledad que nos mortifica es la ausencia a nuestro lado de aquella persona a la que un día dijimos amar para toda la vida. Es cierto que atrás quedaron días de infortunio, insultos y fuertes desavenencias, pero también quedaron multitud de momentos de amor, ternura y pasión, de vacaciones idílicas, de hijos que comparten alegrías navideñas, de un hogar construido por ambos.

Por eso es normal que muchas parejas intenten una y otra vez volver a unirse, no tanto porque entre ellos haya renacido la concordia y el amor, sino porque puestas en una balanza las peleas y la soledad, en ocasiones preferimos el mal que se nos antoja en ese momento menor.

Dolor

Debemos entender a quien está sumido en un proceso de divorcio y tratar de ayudarle cuanto antes, pues el dolor es tan intenso (aunque la persona afectada ría junto a nosotros y minimice su problema) que algunas personas entran en una fase de locura muchas veces irreversible. Sin llegar a este extremo, lo normal es un sufrimiento interno muy fuerte, especialmente cuando el divorcio ha sido por infidelidad, pues a los problemas habituales hay que sumar el sentirnos burlados, estafados y humillados. Los "cuernos" pueden parecer cómicos en una película y de poca importancia cuando se trata del vecino, pero cuando se sufren en carne propia alteran todo el equilibrio mental de la persona afectada. Esta noticia sobre el adulterio de nuestra pareja es aún más intensa si cabe cuando nos dicen todo lo felices que son con el nuevo amor, y lo mucho que nos odian. El dolor tan intenso de ese desamor no tiene comparación posible con otro dolor, salvo el de la muerte de un hijo pequeño.

Las personas divorciadas suelen acusar, en mayor o menor medida, los siguientes trastornos:

1- **Depresión,** a veces tan intensa que necesita el auxilio inmediato de un psicólogo o la toma de medicamentos antidepresivos y sedantes. La utilización de plantas medicinales como Hipericón o Eleuterococo, así como levadura rica en Litio, y los aminoácidos Fenilalanina y Tirosina, suelen ser de gran ayuda y no tienen efectos secundarios. Indudablemente, la persona afectada debe acudir en primera instancia a un profesional médico, sea psicoanalista, psicólogo o psiquiatra, buscando alguien que le escuche durante el tiempo que precise. De no ser así, la compañía de un buen amigo, un filósofo o la familia, le ayudarán a sobrellevar su enfermedad hasta que pase la crisis. Nunca se deberá dejar solo a un enfermo depresivo y es sumamente importante hablar con él y demandarle para que suelte su pena. Si el riesgo de suicidio es intenso, se hará necesaria la colaboración con asistentes sociales o psiquiatras.

2- La **ansiedad** es uno de los problemas emocionales más extendidos entre los divorciados, especialmente en aquellas personas que han procurado no cometer errores nunca, que necesitan sobrevalorarse, o que han tenido cierto miedo a la penuria económica y a la dificultad de ser bien aceptados por la sociedad. Normalmente, la persona se encuentra en un momento de su vida en el cual tiene que tomar dos caminos opuestos, y este aumento de la tensión y el miedo a que pueda ocurrirle algo desagradable si falla, le conducen a un estado de ansiedad.

3- La **agresividad** se da tanto por el deseo de venganza a quien nos está haciendo daño, como por tratar de sacar de nuestro interior el dolor que nos atenaza y amenaza con explotarnos internamente. Cuando los agresores somos nosotros el problema es que inmediatamente aparece el temor al castigo o la represalia, lo que conlleva las mentiras y la huída. También existe, paradójicamente, la necesidad de pedir disculpas, algo que habitualmente no es posible pues ya hay un asunto legal por medio y la persona afectada no admite nuestras disculpas. Es más, frecuentemente la persona admite su agresividad, reconoce el daño efectuado y pide perdón sinceramente, pero lo hace para que todo vuelva a ser como antes. Cuando no hay vuelta atrás, la persona metida en este conflicto tiene que mantener una postura externa que disimule su preocupación y esto le conduce a un callejón sin salida. Entre los síntomas físicos están el temor, tensión, sudores, palpitaciones, pesadillas nocturnas, diarreas, incluso vómitos, fobias, deseos de orinar y úlceras gástricas.

4- El **rechazo** es normal en las familias más tradicionales, en las cuales el divorcio es algo inusual y que les produce rechazo. No necesariamente se origina en grupos religiosos, pues también lo vemos en las familias aristocráticas y en los pequeños pueblos. Si la causa es una infidelidad, el repudio hacia el cónyuge infiel es total, especialmente hacia las mujeres.

Una forma menos traumática para sentirse rechazado, son las críticas a sus errores que lleva a la persona a no poder contar con el apoyo de sus más allegados. Esto puede ocurrir incluso en ambientes de trabajo si ambos esposos compartían allí su empresa o los compañeros confraternizaban con ambos.

Problemas posteriores

1- La pérdida de la **autoestima** es más intensa en la medida en que la persona trata de incorporarse rápidamente a grupos sociales que mantienen una vida de pareja estable y feliz. Esto les lleva a considerar que no han tenido suerte en la vida, que han causado dolor a personas inocentes (hijos, padres) y a que debían haber sido un poco más cariñosas y tolerantes. Por eso es recomendable pasar una corta temporada de duelo, con un cierto aislamiento en el cual la filosofía llene la vida, en lugar de las diversiones. Los paseos por la naturaleza, el descubrimiento de nuevos lugares como el teatro, escuchar música clásica, o leer buenas y reconfortantes obras literarias, con el tiempo ayuda más que meterse en un maratón de diversiones superficiales.

2- La **soledad** será abrumadora los primeros días, pues ya no compartimos cama con nadie, nadie nos ayuda cuando estamos enfermos, no nos preguntan sobre nuestros problemas laborales y, especialmente, no compartimos la vida con nadie como nosotros. Para la mayoría de las personas en trámite de divorcio esta soledad les parecerá un regalo, una liberación, pero es un sarampión que en pocos días se puede hacer intolerable.

3- La ocupación del **tiempo libre** es otro problema adicional no menos importante, pues hemos estado habituados a compartirlo con la pareja. Ahora hay que buscar nuevos grupos de amigos, pero evitando que nos consideren en pocos días como un estorbo, a pesar de que no lo manifiesten así. Si nos programamos para visitar a la familia, aceptando todas las posibles invitaciones para comer o pasear, en poco tiempo seremos una carga, el familiar divorciado que no sabe con quién emplear su tiempo.

4- La **economía** indudablemente estará bajo mínimos, sea cual sea nuestra situación, mantenidos o mantenedores. Ahora debemos afrontar gastos que antes compartíamos, lo mismo que el trabajo doméstico y el cuidado de los hijos. Los hombres que han tenido que abandonar sus hogares tendrán que buscar un lugar donde vivir y eso cuesta dinero. Del mismo modo, las mujeres que no ganen suficiente con su trabajo personal tendrán serios problemas para llegar a fin de mes, y eso a pesar de que acepten una pensión de su ex. El empobrecimiento es un hecho que hay que asumir antes de divorciarse y no basta con decir: "yo con poco dinero me basta para vivir, si tengo una existencia feliz y tranquila." Esa bravuconería dicha antes del divorcio nos hará ser poco realistas y tendremos entonces problemas para adaptarnos económicamente. Ambos ex cónyuges necesitarán una casa totalmente equipada, un coche, pagar los cuantiosos gastos de los abogados, las visitas al psicólogo, etc., por lo que debe admitirse que la ruptura matrimonial es siempre un desastre económicamente hablando.

5- Por si fuera poco, no solamente hay que afrontar el propio desequilibrio emocional que se lleva encima y que se arrastra ya varios meses o años, sino que hay que estar serenos para ayudar a los hijos y tranquilizar a los padres.

6- La pérdida de las **relaciones sexuales** puede parecer para las mujeres algo sin importancia y posiblemente más insoportable para el hombre, pero para ambos es un nuevo desequilibrio corporal a soportar. Acostumbrados a los abrazos, las caricias y el coito, suprimir bruscamente el contacto altera los nervios de la persona más sensata, volviéndole irritable y agresivo. Aun cuando esa pareja ya no realizara el acto sexual hace semanas o meses, la disponibilidad existía y bastaba un simple acercamiento para que iniciaran un nuevo flirteo. Ahora ya no hay nada, al menos con esa persona, y la búsqueda rápida de una relación puramente carnal, sin afectividad por medio, ha llevado a muchas personas a una depresión intolerable.

7- El **autoengaño** es también una trampa peligrosa para la estabilidad emocional. Decir a los cuatro vientos que estamos felices, optimistas y que se nos han acabado bruscamente los problemas desde que nos hemos divorciado, es una forma de ocultar nuestro subconsciente. El problema está en nuestro interior y vestirnos de colores no cambiará eso. Cuando la persona parece haber recuperado la fuente de la juventud, vistiéndose con ropas juveniles los hombres y con atuendos sexys las mujeres, llegan a un terreno sumamente peligroso, pues son presas fáciles de los oportunistas. Si en estos momentos sufren una burla o un rápido desengaño amoroso, el trastorno emocional será posiblemente más intenso que el del divorcio. Les ha cogido tan sensibles que posiblemente nunca más se recuperen afectivamente.

Por ello, mejor esperar unos meses o años antes de intentar una nueva relación o una búsqueda compulsiva de las diversiones.

DESORIENTACIÓN

Es tan intenso el estrés emocional de las personas involucradas en un divorcio que inmediatamente o con el tiempo, se encuentren inmersos en alguno o muchos de los problemas siguientes:

Rencor, a la anterior pareja por supuesto, pero con frecuencia se extiende hacia todos los del sexo contrario, a quienes acusan de ser la causa de la desgracia ajena. Estas personas pueden ocasionar mucho daño a la sociedad en general, pues su odio lo exteriorizan sin miramientos y con sus comentarios siembran la cizaña entre las personas de su mismo sexo, alertándolas contra quienes son felices. Les avisan de cientos de peligros, de mentiras inexistentes y de que, tarde o temprano, se verán involucrados y serán víctimas del mismo mal que ellas. Con sus consejos, esencialmente sexistas, consideran al otro sexo como la maldad personificada y si tienen algún poder político sus discursos serán claramente discriminatorios. Si son mujeres militarán en grupos feministas radicales y formarán parte de cualquier manifestación en contra de los hombres. Y si son varones, despreciarán a cualquier mujer y aconsejarán a los más jóvenes que no se fíen de ellas (ni se casen, por supuesto), pues son poco menos que la reencarnación femenina de Satanás.

Venganza. Estas personas ya desquiciadas solamente desean venganza contra quien consideran culpable de su desgracia moral y económica. Desde el primer día buscarán cómo vengarse y para ello emplearán cualquier medio disponible, entre ellos: atentar contra el patrimonio de su ex, como pincharle las ruedas del coche reiteradamente (incluso quemarlo), destrozar la vivienda conyugal antes de abandonarla definitivamente, sacar todos los ahorros bancarios comunes, o pegarle una paliza amparándose en la noche o el anonimato.

Otras medidas de venganza no menos crueles consisten en: hablar mal de su ex pareja a sus propios familiares y amigos, tratar de seducir a personas muy afines (incluso hacer el amor con ellos), realizar llamadas telefónicas injuriantes pretendidamente anónimas, o enviar cartas con remitente falso al lugar de trabajo alertando a sus jefes o socios sobre anomalías financieras. También hay quien realiza denuncias a Hacienda o sale en los medios de comunicación para narrar con todo detalle la maldad de su ex. Por desgracia, estos actos de venganza hay quien los realiza todos juntos, pues si considera que con uno no ha sido suficiente ensayará el siguiente.

Falsas reconciliaciones. Hay momentos, posiblemente entre la tregua de la agresividad, en que uno o los dos cónyuges desean la reconciliación, no tanto por el amor que siguen sintiendo, como por la necesidad de dar un reposo a su maltrecho espíritu. Por ello es frecuente que se envíen largas cartas de amor, buscando el perdón o la comprensión y concierten citas para salir juntos e incluso para hacer el amor. En esos momentos la pasión es intensa, lo mismo que lo son las palabras de afecto. Parece que todo ha sido un malentendido, un arrebato o una suma de problemas que se pueden resolver como "personas civilizadas". Pero luego surge la vergüenza por haber sido débil, por confesar al otro que aún le quiere, por lo que comienzan los insultos y los reproches. Ciertamente no siempre es así, pues un abrazo intenso en la cama en ocasiones hace el milagro, y la pareja vuelve a unirse para siempre. Si creemos que entre hombre y mujer se solucionan los problemas del mismo modo que con un vecino o un familiar, estamos equivocados, pues el matrimonio siempre dispone de ese impulso irrefrenable que es el sexo. Dos horas de intensa pasión amorosa pueden hacer más bien que miles de diálogos.

Los años posteriores no suelen ser siempre de relax y ausencia de las hostilidades. Lógicamente la pareja que ya ha roto su relación debería recobrar casi inmediatamente su estabilidad emocional y su felicidad, pero hay factores que se lo van a impedir, como por ejemplo: las pensiones que paga uno de los cónyuges, el cual se siente humillado por tener que dar dinero posiblemente de por vida a una persona que le ha hecho daño. Esto le ocasiona una cólera que le impide reconciliarse con su ex, mucho más intensa si la mujer se regocija por este hecho y le exige mediante abogados y denuncias el pago eterno de ese dinero. En los casos en los cuales la entrega de la pensión es ciertamente humillante para quien lo otorga, como cuando la mujer tiene ya una pareja estable oculta a los jueces, el hombre puede sentir la necesidad moral de alejarse para siempre a otra provincia o país.

Esto conlleva a que cuando hay hijos se vean involucrados durante muchos años en las siguientes disputas de sus padres, eternas e igualmente violentas, pues quien no recibe el dinero impide que el padre vea a los hijos en los días establecidos. De este modo los niños vuelven a participar en las disputas de los padres, ahora exclusivamente por dinero. Esta es una de las formas más destructivas y mezquinas de manipular a los niños, solamente similar a quien durante el resto de la vida le habla mal de su padre o madre ausente.

Capacidad de recuperación

"No hay mal que cien años dure, ni cuerpo que lo aguante", dice un viejo refrán, al que debemos añadir que *"Después de una noche de tormenta viene siempre un bello amanecer"*. Indudablemente es mejor este consejo tan ancestral y sabio, con tanta carga de esperanza, que todos esos anteriores en los cuales nos hablaban de venganza, rencor y trampas. Aunque ya les he dado muchos consejos anteriormente, aquí va otro: aléjense de quienes, con la excusa de protegerles o ayudarles, les incitan al odio, a la pelea continuada y a la venganza. De quienes le acompañan en sus críticas hacia su pareja y de quienes le presentan a "un buen abogado" que le hará ganar el divorcio. También de aquellos que le dicen lo que tienen que perdonar y lo que no deben tolerar, así como de quienes le acompañan como fieles guardaespaldas en sus entrevistas con su pareja.

Busquen siempre una persona que trate de sembrar la concordia, la sensatez y que sepa hacer mutis por el foro cuando la pareja en lugar de insultarse inicia un tímido beso. Deje a sus hijos durante las hostilidades con quienes sean imparciales y no se dediquen a criticar a uno o ambos padres, pues esa persona debe ser capaz de tranquilizar a los preocupados niños, tan asustados por lo que están viviendo.

Una vez que las heridas ya han cicatrizado se podría efectuar un acercamiento si los hijos todavía son pequeños y lo requieren, pero en esto hay que contar con las nuevas parejas, quienes razonablemente verán con temor esas visitas entre antiguos amantes. El miedo a que ambos traten de rememorar simplemente días gloriosos y de pasión existe, por lo que si no queremos vernos inmersos en otro nuevo divorcio debemos contar siempre con la aprobación (y la presencia) de nuestra nueva pareja.De todas maneras, lo más habitual es perder el contacto unos con otros, pues así se evitan nuevos roces, y dejar que cada cual lleve su vida a su modo, sin críticas ni ingerencias. Sabemos que es doloroso ver a nuestros hijos, posiblemente ya mayores, compartiendo casa y comida con padres "postizos", así como es sumamente hiriente saber que en nuestra cama matrimonial hay otra persona abrazando a quien antes tuvimos a nuestro lado. Imposible dar soluciones para evitar que el dolor nos llegue hasta el corazón, pero si pusimos anteriormente todo el empeño en que nuestro matrimonio no se rompiera, al menos nuestra tranquila conciencia nos ayudará a superar estos momentos. Pues este será el mejor consejo que debo darles: compórtense siempre con honradez y honestidad, como buenas personas, pues esto les hará recuperarse más rápidamente de sus heridas que si su comportamiento hubiera sido indigno. No olvide que su conciencia (su subconsciente) está siempre presente y sus malas acciones le pasarán factura impidiéndole ser feliz. No importa la maldad que su cónyuge haya tenido con usted, y no le responda con la ley del Talión. Cuando usted le cuente a su nueva pareja sentimental el proceso de su divorcio, deberá oír solamente el relato de una buena persona que un día tuvo que divorciarse por aquello de "incompatibilidad de caracteres". Pero si sus comentarios son presumiendo de todo el daño que le hizo y cómo realizó reiteradas venganzas, posiblemente su pareja sienta deseos de huir de su lado. A fin de cuentas, quien así se comportó puede volver a reincidir si las circunstancias se repitieran.

CAPÍTULO 11

EN BUSCA DE LA PAREJA PERDIDA

"Siempre que una mujer encuentra a un hombre que sería un buen marido, es que normalmente lo es ya".

Anónimo

Bien, su matrimonio ya no existe, sus hijos están a buen recaudo y un mundo nuevo se abre ante sus ojos. Seguramente estará despistado, apenas sin amigos, y lo más que consigue es visitar los mismos bares, los mismos cines y poner cara sonriente cada vez que se cruza con una chica. ¿Ligar? Indudablemente hace tanto tiempo de aquello que ha perdido la pericia que tenía antes, por lo que no le recomendamos que acuda raudo a una sala de baile para gente hambrienta de amor y sexo. Primero analícese, mírese al espejo varias veces, e intente adecuar su imagen a lo que ahora está de moda. Después, planifique perfectamente sus nuevos encuentros que podrá encontrar mediante el sencillo sistema de que le presenten mujeres igualmente solteras o a través de las páginas de Internet. Este último sistema no es perfecto, hay muchos engaños, pero al menos puede iniciarse hoy mismo, simplemente conectándose a un chat de los cientos que hay en la red. Los hay para solteros, jóvenes, mayores de 50 años o más, aficionados al cine, al deporte o al senderismo, lo mismo que para buscar grupos de amigos, entablar relaciones sentimentales, o realizar excursiones. Puede conectarse a alguno de su mismo país y ciudad, así podrá conocerse en persona, pero también son muy interesantes los contactos efectuados con personas de países lejanos, aunque en este caso debe asegurarse la honestidad del interlocutor.

EL CORTEJO ENTRE HOMBRES Y MUJERES

Bueno, ahora un curso acelerado para ponerse al día, en el arte de seducir y ligar.

Según el Kamasutra, hay dos clases diferentes de hombres y mujeres: quienes que son dignos de alabanza y quienes merecen algún reproche. Lo que no resulta tan claro es saber cuáles son las cualidades, y calidades que ambos desean ver en su pareja, aunque si tomamos al libro hindú como referencia, ellas dicen algo así: *"si un hombre no es rico y fuerte no obtendrá nada de las mujeres"*. Bueno, esto excluye ya a una gran cantidad de nosotros, así que o nos ponemos a hacer pesas y a jugar a la Primitiva o no tenemos nada que hacer con las damas.

Luego hablan de medidas, que pueden ser muy discretas o desproporcionadas, según quién las juzgue, de perfumes y, por supuesto, de técnicas amatorias. Ya sabemos que en la oscuridad de un dormitorio prima más la habilidad, la paciencia y la dulzura que los atributos sexuales, aunque una talla más grande parece ser que nunca está de más. Nosotros solemos dar mucha importancia al tamaño y consistencia de los pechos de las mujeres, mientras que ellas parecen fijarse especialmente en nuestros traseros.

TÉCNICAS ELEMENTALES PARA SEDUCIR

La distancia en la conversación
Nadie se aleja de quien gusta y esa será la primera señal que deberemos evaluar sobre nuestro oponente. Habitualmente el hombre no suele poner reparos para aproximarse a una mujer, incluso aunque no le guste físicamente, puesto que se encuentra cómodo manteniendo una posi-

ción muy cercana, especialmente si la estatura suya es superior.

Una vez realizadas las presentaciones y suponiendo que tengamos en la mano una jarra de cerveza o similar, habremos eliminado uno de los mayores problemas embarazosos en sociedad: qué hacer con las manos mientras hablamos. Además, sostener algo en las manos nos ayuda mucho para lograr encontrar la distancia más adecuada para hablar, medida que cada país tiene las suyas propias. Si la otra persona nos interesa pero aún no sabemos su respuesta, podemos efectuar una discreta aproximación, acortando ese medio metro que las normas de educación consideran como básico. Si la distancia se mantiene y nuestro interlocutor no se aleja de nuevo, buena señal.

Para acertar, lo mejor es dejar que sea nuestro interlocutor quien escoja la distancia y tratemos de mantenerla. No obstante, no se confíe, pues hay personas que se encuentran a disgusto en las distancias cortas y se alejarán para no sentirse intimidadas. Para mantener una distancia discreta e inmutable, bastará con situar esa jarra de cerveza frontalmente, entre el ombligo y la barbilla, creando una barrera física que nos permitirá salvaguardar nuestro territorio. Y si quiere guardar una distancia cómoda y le resulta difícil porque su pareja escoge otra, comience a caminar discretamente y evite seguir hablando frontalmente.

Aun así, esté muy alerta, pues si la mujer retrocede hacia una pared, o una mesa, de tal manera que se encuentre aparentemente acorralada, es muy posible que le esté demostrando que quiere seguir con el juego y ese fingido acosamiento forme parte de su modo de seducir. Otro asunto es cuando es el varón quien se encuentra acorralado, con la espalda pegada en la pared mientras la mujer avanza seductora. En estos casos el acercamiento suele ser muy intenso y habitualmente ninguno de los dos echa a correr. Bueno, yo al menos no lo haría, salvo que estuviera mi mujer mirándome.

Si durante este acosamiento uno de ellos mira furtivamente a otro lado, será la señal para retroceder parcialmente, puesto que es posible que en realidad esté buscando una ayuda inmediata, una salida honrosa. También es posible que esté averiguando dónde está su pareja, para saber las oportunidades que tiene de ligar impunemente.

UNA MUJER ATRACTIVA

Según las enseñanzas del Kamasutra, una mujer que quiera gustar a los hombres debe tener una cintura perfecta, ligeramente pasada de kilos en pechos y nalgas, y estar sana. Su pelo será negro, la frente ancha, tendrá las cejas oscuras, ojos negros y grandes, así como el cutis limpio. La mejilla con un óvalo perfecto, una nariz elegante y una boca sensual con labios rojos y grandes. Después nos dicen que su respiración será intensa pero poco ruidosa, su garganta larga, su busto grande, lleno y turgente, y su ombligo bien desarrollado y suave. A continuación nos llevan hasta la vulva, carnosa, por supuesto, y a los pelos del pubis que recomiendan que sean negros y tupidos, para pasar a las nalgas que deben despedir calor y ningún olor; continuando con los largos muslos, las caderas grandes y una cintura de forma fina, además de manos y pies de elegancia llamativa.

Por supuesto, aunque con algo menos de intensidad, también nos hablan del hombre perfecto, pero en este caso insisten que sin dinero y valor poco tenemos que hacer ante una mujer. En un discreto capítulo nos mencionan las medidas viriles y una erección prolongada, de las apretadas nalgas, de los hombros en donde refugiarse y de la capacidad para repetir el abrazo íntimo si ella necesita un poco más. Indudablemente, a la vista de tanta perfección física, comprendemos que tantos jóvenes tengan complejos y se sientan integrados en la familia del patito feo.

SEÑALES CORPORALES

El Kamasutra proporciona muchas recomendaciones sobre cómo ligar, pero especialmente insiste en que debemos ser capaces de averiguar cuándo nuestro oponente está dispuesto para que intentemos el acercamiento. Para ellos, los hindúes, no existen diferencias en cuanto a razas o países, pues consideran que más que nuestro raciocinio es nuestra parte animal la que nos impulsa a establecer relaciones.

Respecto a las mujeres añaden que una mujer que ríe fuerte en una reunión de hombres o que camina en busca de un vaso de licor moviendo las caderas, es señal inequívoca que busca ligar, lo mismo que cuando se arregla el pelo mientras habla con un hombre o se muerde el labio inferior varias veces. Bueno, estas son señales que todos sabemos, lo mismo que las mujeres saben identificar cuándo un varón tiene sed de amor. Si su mirada baja y sube por el cuerpo de las mujeres, si mantiene sus mandíbulas sueltas mientras una discreta baba se le cae, o si se arregla por tercera vez la corbata, no hay duda que necesita con urgencia una mujer que le calme sus ardores.

Y siempre según el criterio del Kamasutra, dicen que una mujer despreciable es aquella que está constantemente criticando a la gente, aficionada al juego con dinero, bromeando sobre los defectos de los varones, gritando más que una yegua cuando relincha, entrometiéndose en materias que no son de su incumbencia y quejándose continuamente de su marido o pareja.

También nos aconsejan que para agradar a un hombre las mujeres escogen casi siempre una buena comida, una moderada bebida, y un vestido que enseñe poco e insinúe mucho. De todas maneras, recomiendan que entre la comida y al amor hayan pasado al menos dos horas, y que es recomendable reír juntos un rato.

APRENDA A LIGAR

Ya sabemos cómo adivinar cuándo alguien tiene ganas de ligue y hasta es posible que sea fácil saber si nuestro intento de acercamiento está teniendo éxito. No obstante, lo que todavía nadie sabe con exactitud es dónde radica el secreto para que unas personas tengan tanto éxito con el sexo opuesto y las otras no se coman un rosco. El asunto estriba en encontrar aquella faceta que hace más atractiva a una persona que a otra, lo cual muchas veces no tiene una relación directa con su estética. Mientras que el dinero de un hombre o su poder suele romper con facilidad el corazón de muchas mujeres hasta el punto de encontrar irresistible incluso a alguien que pasaría desapercibido si fuera pobre, una mujer que lleve en una fiesta un traje sexy, ceñido e insinuante, es capaz de hacer volver la cabeza y suspirar de pasión a todos los varones, lo que probablemente no conseguiría con su indumentaria de trabajo habitual.

Lo que es indudable es que no solamente la apariencia física es lo que hace atractiva a una persona, sino también su entorno, su ropa, su voz y por supuesto su prestigio. En un país como Ruanda la gordura puede ser muy atractiva si la mayoría de la población es delgada como consecuencia de la mala alimentación, del mismo modo que, a la inversa, en los países desarrollados la delgadez a ultranza es muy anhelada y por lo que luchan la mayoría de la población, invirtiendo sumas importantes de dinero para mantenerse dentro de los cánones estéticos que predominan. Por ello, en los países ricos la gordura no siempre está relacionada con el bienestar económico, ya que se supone que si tienes dinero puedes acudir a clínicas de belleza, gimnasios y mil soluciones para mantenerte en buena forma.

Actualmente hay dos factores que se consideran imprescindibles para tener éxito en el ligue: uno es la simetría entre ambas partes del cuerpo y otro es la proporción en el desarrollo. Por ejemplo: ambos ojos deben estar situados al mismo nivel, el iris totalmente centrado y las cejas describiendo una ligera línea ascendente. Los ojos "achinados" gustan a casi todos y las mujeres los imitan con su maquillaje, pero en el hombre se insiste en la mirada profunda. Para las mujeres, las medidas 90-60-90 siguen siendo el patrón a valorar, mientras que al varón se le exige mayor anchura de hombros que de caderas, y hasta ahí todos de acuerdo.

Las orejas no deben ser grandes, es mejor pequeñas, sin apariencia de elefante o "soplillo", mientras que la nariz admite variaciones según el sexo. En las mujeres mejor pequeña y ligeramente respingona, pero en el varón la nariz griega sigue siendo la preferida, con su pequeña curva en el puente.

La frente despejada y con unas pequeñas entradas en el varón, y algo más pequeña y cubierta parcialmente por el cabello en las mujeres. En cuanto a los labios, las cosas no están tan definidas, ya que hay quien prefiere una boquita de "piñón" en una mujer, mientras que otros se chiflan por una boca grande y sensual como la de las mujeres italianas.

Y en los hombres hay de todo, ya que unos labios carnosos y abultados como los que predominan en la raza negra son los preferidos, pero tampoco se quedan atrás unos más sencillos como los del actor Keanu Reeves.

El cuello largo y delgado en la mujer y ancho y más corto en el varón, mientras que en la espalda no hay contrastes: todo el mundo debe tenerla recta, nunca arqueada, y andar en perfecta perpendicular con el suelo. En cuanto a la piel y el vello también existen fuertes controversias y gustos. Hay quien prefiere una piel libre de pelo en el varón obligándole a depilarse de igual manera que lo hacen las mujeres, mientras que para otras la imagen de Sean Connery en las películas de James Bond 007, con su gran pelambrera en el pecho, es ideal. En este aspecto hay cierta tendencia a la depilación del varón mientras que, por contraste, hay ya muchas mujeres que reclaman su derecho a no depilarse y exhibir sus axilas pobladas de abundante vello. Que cada cual elija el bosque según sus preferencias, incluido el del pubis.

En las distancias cortas

Nos guste o no a los menos agraciados, lo cierto es que las personas guapas ligan más o al menos con más rapidez que las feas. En la medida en que una persona es guapa la facilidad para mantener relaciones sexuales aumenta en una proporción geométrica y eso es extensible a todas las edades y razas. Aunque posteriormente, en la cama, las diferencias entre feos y guapos se acorte significativamente y la hermosura ya no nos garantice el éxtasis, el terreno está ya tan abonado que con cualquier cosa que nos hagan nos conformamos.

Incluso si apagamos la luz y solamente palpamos el cuerpo desnudo, la armonía de las formas de nuestra pareja, la piel tersa y suave, la musculatura perfectamente definida y hasta esa voz cálida y susurrante, nos pueden predisponer ya al delirio, salvo que nuestra torpeza sea delirante. En ese momento la belleza ya no interviene y es necesario dominar el terreno que pisamos si queremos salir airosos. Y es que, por desgracia, los atributos sexuales son la única parte de nuestro cuerpo que no necesariamente se corresponden con el resto y hasta es posible que una persona poco agraciada físicamente, en ese momento decisivo se comporte como el mejor amante del mundo.

EL ATRACTIVO DE LOS FEOS

Después de mucho indagar y de realizar numerosas preguntas entre la población, se llegó a la conclusión que el concepto de belleza no solamente estaba ligado a la armonía de las formas, sino también a ese concepto tan manoseado que se llama personalidad. En la medida en que alguien posee un físico que se diferencia de la mayoría, aunque no sea proporcionado, se le empieza a considerar guapo. Vean algunos ejemplos:

La actriz Audrey Hepburn, lo mismo que la modelo Twiggy, rompieron todos los moldes de la estética femenina con su extraordinaria delgadez e incluso así consiguieron entusiasmar a miles de personas. No tenían apenas caderas, sus pechos eran poco menos que un esbozo y las piernas hacían referencia a la canción "Popotitos", pero su atractivo físico estaba fuera de toda duda. En el lado contrario estaban las actrices duras, masculinas, como Maureen O'Hara o Katharine Hepburn, las cuales eran lo opuesto a la mujer delicada y sexy que atraía a los hombres, pero que también consiguieron pasar a la historia del cine por su belleza.

Respecto a los hombres las cosas están igualmente confusas, ya que han sido capaces de romper corazones actores como Humphrey Bogart o Clark Gable que eran precisamente hombres guapos, al menos si los encajamos junto a James Dean, Robert Taylor o Rodolfo Valentino. Cualquier parecido entre ellos era pura coincidencia y sin embargo todos han sido considerados como bien parecidos.

El secreto en estos hombres y mujeres, no ciertamente guapos ni proporcionados, estaba en su originalidad, en su personalidad, lo cual les daba un atractivo enorme precisamente por ser distintos. Así que ya lo saben mis queridos feos y feas: para resultar atractivos no traten de imitar a los guapos, sino al revés, decídanse por la originalidad en el vestir, el habla y las aficiones, ya que ahí estará el secreto de su éxito.

FACETAS DE NUESTRO CARÁCTER

Usted, mujer divorciada, seguramente habrá olvidado los sistemas que emplean quienes tienen ganas de ligue y no se habrá dado por aludida cuando alguien intentaba acercarse sin éxito. No obstante, lo que todavía no sabe es que sigue siendo atractiva para el otro sexo y que posee cualidades suficientes para hacer feliz a quien llegue con intenciones nobles. Eso es la autoestima, algo que nadie puede ayudarle a recuperar puesto que ese trabajo es cosa suya.

El asunto estriba en encontrar aquella faceta que le hace especialmente atractiva, aunque le advertimos que no debe centrarse solamente en el físico, pues es la personalidad lo que verdaderamente termina por enamorar a las personas.

La belleza está bien, acorta barreras, pero para que surta efecto debe ser adecuada al lugar y a la persona que tenga delante y, de ningún modo, artificial.

La timidez

En una sociedad en la cual la agresividad es un factor a promocionar si se quiere conseguir un trabajo, un puesto de ejecutivo o un éxito en tu equipo de fútbol, no parece que tengan cabida los tímidos. La razón por la cual una persona adopta una posición temerosa, encogida y aparentemente sin empuje vital, es bien simple: el miedo. Nadie se muestra tímido en la naturaleza, en su propio hogar y ni siquiera con los niños o su pareja habitual. En la medida en que conozcamos mejor el terreno en el cual nos desenvolvemos la timidez desaparecerá, pasando ya a ser una faceta más de la personalidad.

Sin embargo, en el terreno amoroso la timidez suele ser un grave inconveniente para iniciar relaciones afectivas, porque existe una barrera que hay que romper o burlar para llegar cerca de la persona que nos interesa. Por eso los tímidos son los que más expectativas ponen en la primera cita, pues han tenido que hacer un gran esfuerzo para pasar esa barrera psicológica y desean que todo sea ahora más fácil. A una persona tímida le cuesta tanto invitar como aceptar la invitación de alguien, y en ocasiones la rechazarán simplemente por miedo, por la inseguridad en que todo salga bien. Este tipo de persona, sin embargo, aspira a que el primer encuentro sea el definitivo, el que selle de una vez y para siempre la relación amorosa, esencialmente porque así no tendrán que volver a repetir el esfuerzo de acercarse a alguien.

Según el doctor Bernardo Carducci la timidez puede vencerse así:

Mujeres

- Trata de ser menos seca, escueta, durante la primera charla insustancial, a fin de alentar a un hombre tímido a que continúe la conversación.
- Sonríe, asiente y actúa mostrando interés. Haz contacto visual en vez de mirar hacia abajo o hacia los costados. No le revises nunca la indumentaria, pues ello puede ocasionarle una fuerte desazón. Si tienes problemas para mirar a los ojos, pon tu vista en la cara, el pelo o desvía la mirada furtivamente de vez en cuando.
- En situaciones de grupo, ya sean de trabajo, de ocio o sociales, conversa con la gente. Charla de cualquier cosa. Hazle saber a los otros que eres accesible, pero no fuerces la situación más allá de lo que te haga sentir cómoda. Es mejor estar con una sola persona a gusto, que en un grupo en el cual te encuentres fuera de lugar.
- Aprecia las atenciones que recibes. Si alguien trata de hablar contigo, contéstale, a fin de cuentas, ha sido él quien ha roto la barrera. No te muestres distante.
- Haz contacto con los demás a través de cortesías sociales. Ofrécete para ir a buscar comida o bebida o ayuda de otras maneras. Debes evitar, no obstante, que seas tú la que se ocupe de las labores marginales que nadie quiere hacer. Servicial, pero no servil.
- Invita a un hombre por quien te sientas atraída o que se incorpore en un grupo que tu frecuentas. Para ello escoge un momento en el cual le veas solo y nadie pueda ser testigo de tu acción.

- Si un hombre se te acercó antes y tú lo desairaste porque todavía no habías entrado en confianza y te sentías demasiado tímida, retoma el hilo de la conversación con él cuando te sientas más cómoda. Posiblemente le encuentres resentido, por lo que la amabilidad y las disculpas serán tus primeras opciones.

- No trates de monopolizar la conversación. El arte de la intimidad comienza por conocer a una persona. Cuanto más sepas acerca de él, mayor facilidad tendrás para encontrar temas de qué hablar. Déjale hablar e incluso haz algunas preguntas.

- No seas pasiva. Habla. Si no sabes escoger un tema para comenzar, es buena solución preguntarle sobre sus gustos o costumbres.

- Recuerda que la intimidad implica riesgos y recompensas, acercamiento y evasión. No creas que cada vez que hagas un acercamiento a alguien te responderá favorablemente, pero no te desmoralices y vuélvelo a intentar con otro.

HOMBRES

- Determina el ambiente para conversaciones íntimas. Todo lo bueno en la vida viene de correr un riesgo. El secreto es comunicar tu deseo de intimar más, a la vez que minimizar la posibilidad de un rechazo. Al controlar hasta dónde quieres llegar en la intimidad, te desenvolverás con mayor eficacia.

- Sé perseverante. Tienes que atravesar por un período de adaptación para sentirte realmente cómodo, pero ella también, nunca lo olvides. A veces las personas más agresivas son en realidad más tímidas que las otras y eso lo demuestran cuando están solas.

- Haz pausas periódicas para gentilezas sociales. La educación social te hace parecer considerado y brinda un beneficio secundario. Cuando te excusas y regresas con bebidas o algo para comer, estás dando tiempo a la mujer y a ti mismo para relajarse y recuperarse. El contacto no necesita ser continuo, pero sí fluido.

- Repite tus acercamientos. No inviertas todos tus sentidos en conseguir el éxito o fracaso de un encuentro. Si ves a una persona con frecuencia y regularidad a la cual te gustaría acercarte, sigue diciendo hola y charla de cosas intrascendentes, pues esto te dará a ti y a la mujer en cuestión, una oportunidad de entrar en confianza. De tanto verse se creará una sensación de familiaridad entre vosotros que favorecerá tu intención de conquista y te hará sentirte cómodo.

- Vuelve a examinar las causas del rechazo. Piensa en tus acercamientos iniciales como sesiones de práctica, pero no tomes referencia en otros amigos más agresivos. No es forzoso que tengas éxito la primera vez con esa mujer, pues posiblemente ella no esté interesada. Aprovecha la experiencia para ganar percepción para la próxima vez que lo intentes y ya sabes que con la experiencia se gana confianza. En lugar de ver un desaire como fracaso o rechazo, piensa en ello como una fuente de información.

- Céntrate en tus éxitos, aunque sean pequeños. La timidez de la mente refuerza la tendencia a pasar por alto los éxitos y a centrarse en los fracasos. Presta atención a lo que funciona, a lo que te llevó a poder conversar con una mujer. Esa es tu personalidad.

- Arregla una serie de citas con varias personas, aunque no te interesen mucho, pues esto hace que una sola cita parezca menos importante. Si no funciona, no te sentirás tan desmoralizado y siempre hay otras a las cuales recurrir.

No te olvides que al igual que tú, hay también otras personas tímidas a tu alrededor, entre ellas muchas mujeres.

- Habla con hombres y mujeres. Si varías tus contactos en reuniones sociales te sentirás más cómodo. Hablar también con hombres calmará tu tensión y podrás dejar que sean tus amigos quienes te faciliten los primeros acercamientos. Mantén la conversación en un nivel más social, en vez de íntimo, que sea menos preocupante para ti y para aquellos que te rodean.

LA CLAVE DEL ÉXITO

He aquí algunos datos sobre el comportamiento tradicional de las personas que tienen éxito en el amor y que encuentran pareja con la misma facilidad que usted y yo encontramos colillas en el suelo:

1. Suelen realizar siempre un cortejo preliminar. Otean a su presa, la observan, se aproximan con lentitud y empiezan diciéndole justo lo que desean oír.
2. Envían señales de acercamiento e interés a su presa. Las mujeres, para qué negarlo, disponen de muchos más recursos para enviar estas señales y por eso sus intentos de acercamiento casi siempre dan buen resultado, pero los varones lo tenemos algo más difícil.
3. Las mujeres perciben enseguida que ese individuo que las mira tanto quiere ligar con ellas. Nosotros, una vez más, no nos enteramos de nada hasta que no llegan hasta nosotros.
4. Los ligones saben cómo hacer que una mujer se sienta eso, mujer (o hembra, o femenina, da igual).

213

5.   Las mujeres saben que siempre da mejor resultado hacer creer al varón que es él quien ha ligado, cuando en realidad en la mayoría de las veces son ellas quienes han enviado hace tiempo sus señales, dándole permiso para que se acerque.

6.   Nadie que quiere ligar avanza hacia el otro desgarbado y sacando tripa. Si los hombres tensan sus músculos, las mujeres mueven las caderas, y si ellos inflan el tórax, ellas se bajan un poco más el escote.

7.   Todos caminan erguidos en dirección a su presa, lentamente pero con paso decidido.

8.   Los hombres se arreglan la corbata o la camisa, mientras que las mujeres muestran más interés por peinarse con las manos los pocos cabellos que puedan aún estar alborotados.

9.   Si el acercamiento es para una noche de sexo las manos bajan insinuantes hacia el pantalón, aunque la discreción debe ser notoria. Los varones suelen poner su mano apoyada en el cinturón y las mujeres eligen las caderas.

10. El cigarrillo siempre ha sido una demoledora arma de coquetería para las mujeres. No hay nada más sugestivo que una mujer nos sople el humo del cigarrillo directamente a la cara. Curiosamente, en un varón sería una grosería.

11. Las mujeres miran de lado en el cortejo, insinuantes; los hombres de frente.

12. Si durante las primeras palabras ella sigue arreglándose con esmero la ropa y el pelo, todo va bien. Él, por su parte, tratará de seguir con su plan empleando su mejor arma: el susurro y la adulación.

13. Si ella se ahueca el pelo repetidas veces y se lo aparta de la cara, el cortejo está dando resultado.

14. La mujer evitará abrir sus piernas si están sentadas, pero para él no será ningún problema abrir las suyas como si fuera un vaquero a punto de subir al corcel.

15. Ella cruzará las piernas de mil maneras hasta que consiga mostrar, por fin, los centímetros de muslo que le interese enseñar.

16. Si la cosa va sobre ruedas, la mujer se humedecerá los labios varias veces, mientras que él responderá tratando de ser simpático y hablándola de que se ha fijado en ella por su intensa personalidad, o cosas parecidas.

17. Las mujeres gustan de mirar de reojo por encima de su hombro, mientras que los hombres no tienen reparos en mirar las piernas de ella o su escote, aunque si quieren ligar evitarán hacer comentarios soeces. Basta con la mirada.

18. Finalmente, si ella se acaricia el muslo, mientras él baja el tono de su voz hasta convertirlo en un susurro, el ligue se ha consumado.

CONSEJOS

1. No se sobreestime, aunque también debe evitar tanto la falsa modestia como la megalomanía.

2. No hable creyéndose poseedor de la razón y de la justicia en cuestiones de pareja.

3. No critique nunca a los varones delante de ellos si es mujer, pues las feministas resentidas alejan al más entusiasta.

4. Si es hombre, no mire a las mujeres con ojos de sátiro hambriento. Todos sabemos que tiene hambre de sexo, pero disimule.

5. Sean desconfiados, pero no hasta el extremo de ser exageradamente susceptibles, creyendo ver y oír cosas que no han sucedido ni ha escuchado.

6.   Si es varón no se crea eso de que las mujeres de su edad andan locas por casarse con usted.

7.   Si es mujer, sepa que para que alguien le apetezca empezar una vida en común con usted deberá pedir poco y dar mucho, al menos al principio.

8.   No mire al otro sexo con resentimiento, creyendo que detrás de una buena cara se esconde siempre una mala persona.

9.   No tenga una actitud prefijada de lo que quiere y no quiere en la vida. La otra persona también tendrá sus preferencias y deberá compaginarlas.

10.   No hable de su divorcio, ni de sus problemas personales. Es difícil tratar con personas que se sienten heridas y que han sufrido mucho.

11.   No saque su odio o resquemor con cualquier persona y cualquier motivo. Usted ha tenido una mala experiencia con su anterior pareja, pero la siguiente seguro que será maravillosa.

12.   Si vuelve a ver a su ex no se muestre ya agresivo y con deseos de venganza o rencor.

13.   Aunque sea mayor y crea que lo sabe ya todo sobre la vida y el otro sexo, no es cierto. Tal sabiduría dicen que nos llega en el momento de nuestra muerte.

14.   Es difícil tratar con gente que se cree superior a su interlocutor, y en posesión de la razón y la verdad en estado puro.

15.   No imite los comportamientos propios de su sexo, ni siga las modas. Observe a su alrededor, analice y haga lo que sus sentimientos le indiquen. En una palabra, saque su personalidad a flote.

16.   No haga teatro para demostrar que se siente segura y que no necesita de nadie a su lado. Si se siente sola y alguien se le acerca, déle una oportunidad.

17. Si es mujer, abandone cualquier postura tiránica e irascible, reivindicadora profesional de todo y por todo, contenciosa, peleona, siempre segura de sus derechos. Molestando y creando hostilidad y polémica allá donde vaya no conseguirá hacerse querer.

18. No sea autodestructiva con su vida e ilusiones, pues seguramente mañana todo irá mejor.

19. Finalmente, si se siente sola/o inténtelo de nuevo con su ex. ¿Quién sabe?

LA NUEVA LEY DEL DIVORCIO

Recientemente aprobada, aunque no respaldada por amplios sectores de la población, en España está vigente desde 2005. Por desgracia, los asuntos más conflictivos como son el uso del hogar conyugal, las pensiones alimenticias y la custodia de los hijos, vuelven a quedar a criterio último del juez, aunque ahora dicen que se les permitirá a los cónyuges tomar sus propias decisiones, algo que antes ya existía con los divorcios de mutuo acuerdo. Nada nuevo, pues, en estas reformas, salvo unos plazos más cortos para obtener el divorcio.

Divorciarse directamente

Se elimina la obligatoriedad de la separación como paso previo al divorcio. Es decir, las parejas podrán divorciarse directamente, esperando sólo tres meses desde que se celebró la boda para presentar la demanda.

Si la petición de divorcio se realiza de forma contenciosa, los tribunales tardarán unos seis meses en conceder la ruptura del vínculo matrimonial.

Si es de mutuo acuerdo, la disolución se realizará en unos dos meses desde que se presenta la demanda. Los cónyuges deben presentar un convenio regulador pactado que deberá ser aprobado por el juez.

Desaparecen las causas

La nueva ley eliminará las causas que hasta ahora hay que alegar para pedir la separación (por lo tanto, ya no hay culpables), aunque serán tenidas en cuenta las siguientes:
-Alcoholismo.
-Toxicomanía.
-Infidelidad.

-Abandono injustificado del hogar.

-Perturbación mental.

Con esta medida se pretende agilizar el proceso judicial y acortar los plazos para lograr el divorcio.

CUSTODIA COMPARTIDA

La nueva norma pretende fomentar el principio de corresponsabilidad en la patria potestad de los hijos. Esto significa que los padres pueden acordar en el convenio regulador que la custodia sea compartida por ambos. No obstante, el juez también podrá pedir informes facultativos sobre si la forma de custodia elegida es la más adecuada para los menores. Si presume que la custodia compartida puede ser contraproducente para los hijos o si se convierte en un instrumento de conflicto, otorgará la custodia a uno de los cónyuges, precisamente a quien se quede en el domicilio conyugal. Eso sí, la nueva ley no obligará a que los progenitores ejerzan este derecho de forma forzada; es necesario que los dos estén de acuerdo.

Si los padres no logran un pacto sobre la custodia compartida o que uno de los dos ejerza la guardia y custodia de los hijos, entonces el juez tomará una decisión, siempre en beneficio de ellos, tras oír su opinión si han cumplido los 12 años. También se procurará no separar a los hermanos.

El Gobierno recomienda que los padres intenten lograr un acuerdo antes de pasar por los tribunales, utilizando los servicios de mediación familiar.

PENSIONES

En cuanto al derecho a recibir compensaciones económicas por parte del cónyuge que quede en peor situación, hay otra novedad: se sustituyen las pensiones vitalicias por las pensiones por tiempo indefinido, nuevamente a juicio del juez.

FINALMENTE...

NO ES AMOR TODO LO QUE RELUCE

Lo que ocurre en el universo de las parejas que conviven es siempre una incógnita, pues nuestra visión es por fuerza superficial. ¿Cómo se las arreglan aquellas parejas que, por lo menos aparentemente, son felices? ¿Son en realidad desdichadas, aun sin saberlo, y toda su sabiduría consiste en soportar estoicamente su infortunio? ¿Su experiencia nos puede servir de orientación? ¿Cumplen tal vez con el adagio de que "No se trata de soportar que los vientos soplen en contra, sino de colocar las velas de modo que los hagan favorables"?

Con tantos libros que nos hablan sobre la relación perfecta entre hombre y mujer, de los problemas y las incompatibilidades de caracteres, resulta imposible que no sintamos cierta tristeza o remordimiento. Han clasificado tantas anomalías en la convivencia que por fuerza tenemos que estar encuadrados en alguna de ellas; si no es en el amor será en la sexualidad, y si no en las libertades o las relaciones con los demás. Es imposible pensar que nuestra convivencia es perfecta, pues siempre tendremos un psicólogo que nos demostrará que no es así, que la felicidad se alcanza justo como él nos dice, pues para eso es un profesional.

Luego vendrán las presiones de la familia y de los amigos, de los compañeros de trabajo y hasta de los políticos, ya que la cantidad de consejeros es enorme y resulta difícil librarse de todos a la vez.

¿No es acaso la felicidad el mayor fin perseguido por los seres humanos? ¿Y no es cierto también que se alcanza por cortos espacios de tiempo y cada cual según sus deseos? ¿Cómo es posible que todavía alguien nos diga qué es correcto y lo que no?

ÍNDICE